文史哲學集成

陳福成 著

范蠡致富研究與學習

——商聖財神之實務與操作

文史哲出版社 印行

國家圖書館出版品預行編目資料

范蠡致富研究與學習：商聖財神之實務與操作
/ 陳福成著 . -- 初版 -- 臺北市：
文史哲, 民 107.06
頁； 公分（文史哲學集成；709）
ISBN 978-986-314-411-3（平裝）

1.（周）范蠡 2.傳記 3.財富

177.2 107009078

文史哲學集成 709

范蠡致富研究與學習
— 商聖財神之實務與操作

著 者：陳 福 成
出 版 者：文 史 哲 出 版 社
http:// www.lapen.com.tw
e-mail：lapen@ms74.hinet.net
登記證字號：行政院新聞局版臺業字五三三七號
發 行 人：彭 正 雄
發 行 所：文 史 哲 出 版 社
印 刷 者：文 史 哲 出 版 社
臺北市羅斯福路一段七十二巷四號
郵政劃撥帳號：一六一八〇一七五
電話886-2-23511028 · 傳真886-2-23965656

定價新臺幣二八〇元

二〇一八年（民一〇七）六月初版

ISBN 978-986-314-411-3 01709

范蠡致富研究與學習

——商聖財神之實務與操作

目　次

序：向范蠡學些甚麼……三
第一章　想致富，先好好認識范蠡……五
第二章　范蠡的人生導師：七國財經顧問師計然……一九
第三章　范蠡致富發財，先俱備的六個條件……四三
第四章　范蠡二徙「鴟夷子皮」商號品牌經營實況……六一
第五章　范蠡三徙「陶朱公」商號品牌經營實況……七七
第六章　從「鴟夷子皮」到「陶朱公」的經營法則學習……八九
第七章　《致富奇書》和《養魚經》——陶朱公賣書……一〇五
第八章　道商范蠡論「道商」……一一七
第九章　上德道商的七項形象守則……一三七

第十章 民間流傳范蠡的經商秘訣寶訓……一四一
第十一章 范蠡兵學思想研究……一四九
第十二章 補遺：「美人計」的理論、實務與史例……一六三
附錄一 中國道商賦……一七五
附錄二 詠范蠡西施詩詞集萃……一七七
附錄三 范蠡的生命歷程與相關列國情勢大事年表……一八四

序：向范蠡學點什麼

范蠡，鴟夷子皮、陶朱公。中國歷史上唯一，可能也是全人類有史以來，唯一在歷史上被封「雙聖」位的人：商聖、聖臣。

范蠡，道商始祖、中國海軍始祖，陶瓷業祖神、南北貨業祖神、糧食業祖神、皮革加工業祖神、中國最早開發治理上海黃浦江的第一人……

在現在浙江的紹興、諸暨、寧波、桐盧、富陽、永嘉；江蘇的無錫、宜興；山東的臨淄、肥城、定陶、陶山、棗庄；河南的南陽、盧氏、嵩縣；河北的蠡縣，江西的婺源，湖南的華容，安徽的渦陽，大都會上海等，都留有豐富動人與范蠡相關的史跡和故事。其他與范蠡和西施有關的熱門小景區，在中國各地多的講不完。

但最能吸引人，最被傳頌千秋的，是商聖、財神陶朱公，他如何三致千金、三散其財，成為道商始祖。最重要他如何賺錢？如何致富？本書以此為核心主述，經客觀研究、歸納、分析、提出「范蠡致富與學習」、「商聖財神之實務與操作」。把重點放在「可學習」和「可操作性」，讓我們現代的讀者，可以向范蠡學習到東西。否則，范蠡致富是他的事，與你何干？

台北公館蟾蜍山　萬盛草堂主人

陳福成　誌於二〇一八年台大杜鵑花季時

第一章 想致富，先好好認識范蠡

中國已然崛起，總體國力雖仍不能打平美國，但經濟實力的富強，軍事力量的提昇，已讓美國佬感受到「可怕的對手」。而使得在二〇一七年底，美國政府公布川普總統任內首份《國家安全戰略報告》，點名中國和俄國是「修正主義強權」，企圖改變世界格局，是尋求挑戰美國強權的競爭對手，蠶食美國的安全與繁榮。（註一）才不過幾十年前，列強還打算要「分食」中國，把中國人民當豬狗一樣殺戮，現在竟成全球第一強國的競爭對手。中國人的驕傲，中國人的光榮！人家看得起咱們了！但中國人現在還不能太驕傲，總體國力差美國還一大段！

真的，這些年來感覺古代中國人追求的「富國強兵」回來了，中國人的精神回來了，中國人在春秋戰國時代的「重商」主義也回來了。從整個中國大地的經濟強勢活動，企業家越來越多，我發現「商聖．財神」范蠡也回來了，對於范蠡的研究已是當代顯學。二〇一五年五月，國際道商文化研究院，在「上海首屆道商產業發展論壇」，發布「道商」的國際通行英文名詞——「Daosun」。該詞由「dao」和「sun」兩部分組成，dao 代表老子《道德經》道學思想體系，sun 意為如太陽、光熱、中心人物。（註二）然而身為道商始祖的范蠡，他的一生竟如神龍般的傳奇，到底這位被吾國歷史和二千多年來的人民，封為「商聖・財神・聖臣」有著怎樣神奇的生命歷程？

壹、關於范蠡的生卒年

范蠡的生卒年，在各種古籍中都記載不詳，生命歷程裡的時空因素如迷霧。但他在輔佐句踐復國，消滅祖國仇邦這部分是比較確定的。現代由國防部史政局出版的《中國戰爭大辭典・人物之部》，記錄范蠡為春秋末期越國大夫。字少伯，生卒年不詳。原楚國宛邑（今河南省宛縣）人，仕越為大夫，擢上將軍，周敬王二十六年（前四九四年），吳破越，後隨勾踐卑身到吳為人質，忍辱含垢三年，歸國後雪恥圖強，終於滅吳。戰後激流勇退，再徙適齊經商，化名鴟夷子皮，治產千萬，且受任為齊相，復棄官散財至陶（今山東省定陶縣），號陶朱公，逐什一之利，又致產千萬。（註三）這是范蠡簡略的人生經歷，唯生卒年不詳，但為了解更多真相，仍可進行研究、推論，至少可以穿透幾層迷霧，盡可能接近本尊。

根據大陸學者雷蕾研究，有六個途徑推論范蠡的生卒年。（註四）第一種按《會稽典錄》，范蠡出道前因「佯狂倜儻負俗」，村裡人稱他叫「小瘋子」，表示他年紀還小，應該不超過十八歲。

第二從文種三顧范蠡推論。宛邑令（縣長）文種第一次派邑吏去請，范蠡不見，邑吏回報說，范蠡是個狂人，不必見了。文種認為：「吾聞士有賢俊之姿，必有佯狂之譏。內懷獨見之明，外有不知之毀，此固非二三子所知也。」（《會稽典錄》；再自己駕車而往，范蠡披黑狗皮學狗叫，仍不見文種。第二天，范蠡對兄嫂說，今日文種必來，請給我準備衣冠，不久文種果然來了，二人一見傾心，范蠡給文種提報一篇〈宛邑對〉（天下大勢分析與未來發展），明確告訴文種今後要「往何處去」！也清楚表達了自己的願景！

從范蠡學狗叫這種舉動，判斷他的年紀應在十八歲以下。如果二十多到三十歲，用這種舉動見文種顯得難以叫人相信，這是合理的推綸。

第三種是范蠡入越，越王允常的態度推論。范蠡和文種入越之年有二說，前五一〇年和前五〇二年，以後者較為合理。越王允常九年（前五〇二）二人到越國諸暨，越王並未立刻加以重用，而是要他倆先深入民間做民情國情調查，時間長達五年之久。由此推論，范蠡到越年紀不大，可能二十左右，太大而不給官職是留不住的。

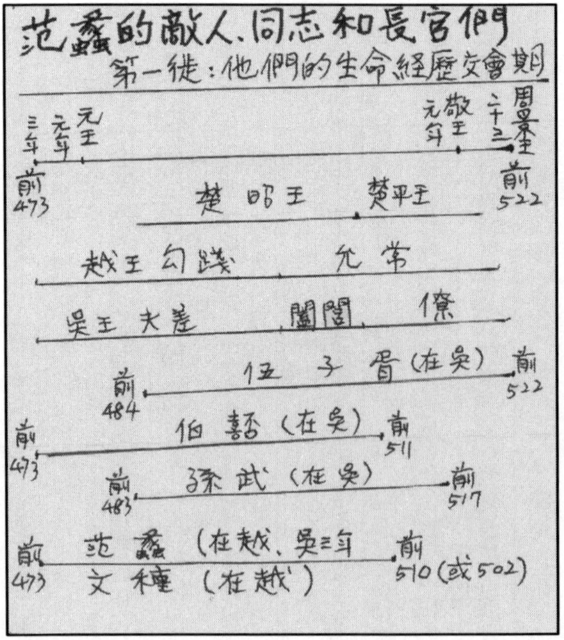

西元前四九六年，允常死，勾踐接班，私下勾踐也叫范蠡「小瘋子」，可見此時范蠡還很年輕，頂多二十初頭的青年。

第四種從伍子胥年齡推理。昏君楚平王殺害忠臣伍子胥父兄，子胥亡命到吳國，誓言報父兄仇，是年周景王二十三年（前伍二二年），伍子胥約三十七歲，一夜白了頭。終於在前五〇六年，吳伐楚入楚都郢城，將已過逝的楚平王屍首挖出鞭屍三百，報殺父兄之仇。范蠡入越約在子胥「鞭屍三百」之後的七八年間，范蠡始終視伍子胥為可敬的對手，伍子胥則將范蠡當小孩看，說明二者是兩代人的差距。

第五從范蠡「擊鼓興師」迫夫差自刎滅吳壯舉推論。周元王三年（前四七三年）十一月丁卯日，范蠡「擊鼓興師」上姑蘇山，迫夫差自殺，吳國滅。從他能擊鼓興師攻上山頂這一壯舉看，年紀應不超過五十歲，若六十幾恐無此體力。

第六從范蠡在陶生小兒（老三）推論。《史記・越王勾踐世家》，明確記載范蠡和夫人有三個兒子，長男、中男、少子，「朱公居陶，生少子」，范蠡三徙到陶也有二說，前四七一年和前四六五年，後者較可靠。因為前四七三年底才滅吳，他去齊可能同年底或次年初，至少打拼個七八年才致富千金，生少子之年約六十歲左右。至於和誰生的，元配或西施，並無任何可靠記錄，有說是西施，就女人生育期而言，這是合理的。

綜合各方推論，范蠡大約生於周景王二十五年（前五二〇年，時昏君楚平王九年），卒於周貞定王二十二年（前四四七年）。享年七十三歲，他是一代大兵法家、商聖、財神、千秋萬世「道商」祖師爺。

貳、范蠡祖系源流考和姓名裡的秘密

范姓和劉姓同出一源，傳自帝堯陶唐氏。因此，今天臺灣的范、劉兩姓，仍然供奉夏朝初年發揚劉氏聲名的御龍氏劉累為太始祖。

劉累的後裔，為何有一部分姓為范？這是因為晉國大夫士會於周定王十四年（前五九三年），有功被封食采於范邑（今山東省壽張縣以西，位黃河北岸，現改范縣），便以邑為姓。范士會便成為天下范姓之始祖，范士會，又名大祿，根據范劉兩姓譜牒記載，他是劉姓大始祖監明（帝堯長子）的六十三世裔孫，劉姓始祖劉累的四十六世裔孫，這個祖系在祖譜裡記載的很清楚。

始祖范士會有三子，士燮、士魴、士球。後來繼承他的是長子范文子士燮，士燮早年隨父士會在秦國，在秦生兒育女，後又隨父回晉國，有部分子孫留秦未回仍姓劉。其後建立漢朝的劉邦，便是系出這支，當然也是士燮的後裔。

按范姓祖系源流，從得范姓始祖范士會為一世祖，二世祖士燮、三世祖范宣子貴鳳、四世祖范獻子士鞅、五世士景伯、六世范蠡、七世范雎、八世范增。（註五）但各類古籍都沒有記載范蠡父母姓名，只說父母早逝，隨兄嫂成長，可見「五世士景伯」以下並非直系，只是旁系，或者年代久遠史料不足的關係。范蠡兄嫂十分貧窮，而范士會子孫幾代在晉國都位高權重的公卿，怎麼才幾十年到范蠡父母就變窮，因而懷疑范蠡並非出自范士會。這其實不見得合理，人的變數太大，要發達幾年可發達，要衰敗就更快了。

我們可以從「范蠡」這名字的含義，間接了解范爸范媽的教育水平和內心期待。「蠡」者，大貝殼做的「舀水瓢」是也，也有用葫蘆做的瓢，大概家中有大貝殼做的瓢，故取名為「蠡」。再者，蠡下有兩隻蟲，古代「蟲」字一指小龍（蛇），一指老虎（大蟲），能把龍虎壓在下面的人，定是統領諸侯的人，可見他父母的「霸氣」，可能也是「不出之臥龍」。

再看范蠡的字，字少伯。少伯是古代爵位第三等的「伯爵」，說明為范蠡取字的人（通常是家長或老師），已看出范蠡未來必升官晉爵，故稱之「少伯」。伯亦同霸，諸侯聯盟之首領，這才是他父母的期待吧！

蠡字再往更深處解，中國人取名字是有大學問的，那是中國漢字獨有藏在結構裡的秘密。蠡，從雙蟲、從彖，何謂「彖」？《說文解字》上說：

玉篇作豕走悅也。恐是許書古本如此。周易卦辭謂之象。爻辭謂之象。辭傳曰：象也者，才也。虞翻曰：八卦以象告。象說三才。象者，言乎象者也。（註六）

孔子曾序象系象而說卦文言，象辭就是《易經》六十四卦中每一卦起頭的卦辭，是對卦象判其吉凶，與「爻辭」相對而言。所謂「象說三才」就是天、地、人三才，也就是說有大智慧者要能：仰賴天象，知天文天時及訊息；次俯地裡，知地勢地道及訊息；再綜人文，知民心人事及訊息。把這三種訊息綜合分析，就可以正確判斷認何事情。故《周易正義》說，「象，斷也。」斷一卦之義，斷一事之動，斷一戰之決，斷一國之謀，

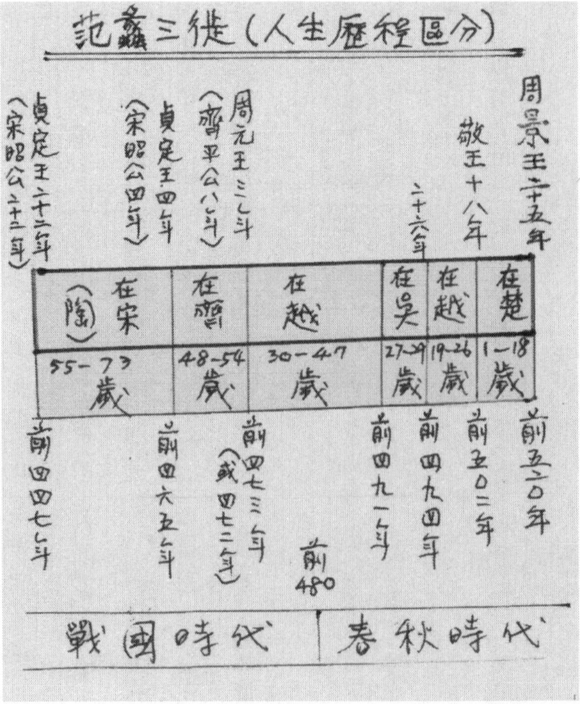

皆名為象。想必范蠡父母對兒子的最高期待，正是要有這樣的三才智慧，能悟得進退吉凶福禍之先機。

參、范蠡故里和成長背景

范蠡所處的時代是春秋末葉到戰國時代，是中國的一個「重新大洗牌時代」。春秋時期，大小諸侯國達一百七十多個，到范蠡出道時，剩下秦、楚、齊、晉、吳、越等十餘強國。范蠡出道前，已出現齊桓公、晉文公、楚莊王、吳王闔閭四個「霸王」，霸即伯，類似今之國際盟主，范蠡所輔佐的越王勾踐成為「春秋五霸」最後一個霸主，到了范蠡晚年形成「戰國七雄」。

在這樣一個各國追求「富國強兵」的年代，柏楊稱春秋末、戰國、秦到西漢為「中國的大黃金時代」，這是英雄志士能人表現的大舞台。像范蠡這樣年輕就想「創立霸業」的人，怎麼可能一輩子在宛邑種田？如同孔明也不可能一輩子躬耕於南陽！可以

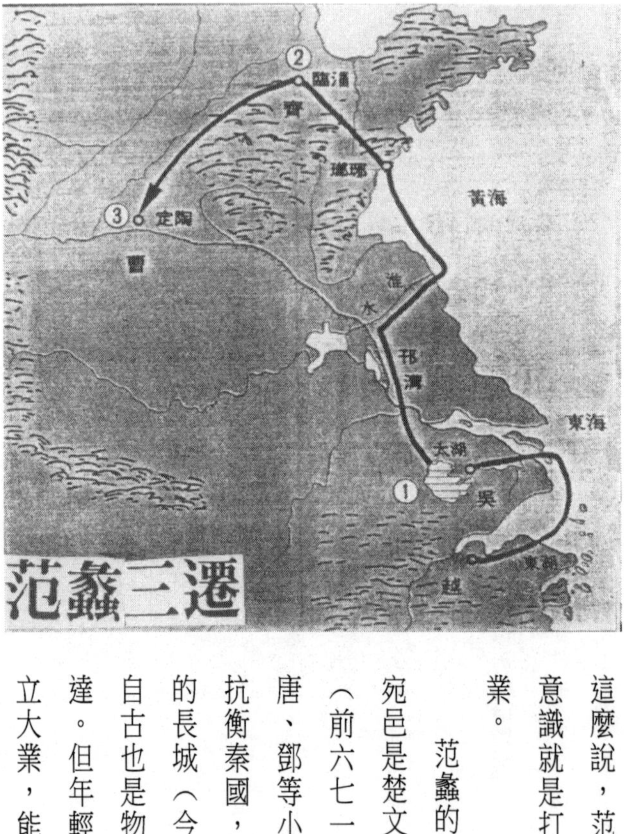

這麼說，范蠡成長的背景，社會主流意識就是打仗，經由戰爭手段成就霸業。

范蠡的故里宛邑（今河南南陽），宛邑是楚文王（前六八九年）、楚成王（前六七一年）期間，滅掉申、謝、唐、鄧等小國後設立的縣級單位。為抗衡秦國，楚國在宛邑北部建了最早的長城（今稱「南陽楚長城」），宛邑自古也是物產豐富的地方，冶煉業發達。但年輕的范蠡渴望為國家成大功立大業，能到楚王身邊出謀策劃，只是一介平民，無人引荐，雖小有名氣，卻苦無機會。

他曾到宛城找邑令（縣長），就像現在年輕人到處謀職，因沒有「關係」，到處落空。范蠡找上邑令，被當成小孩胡鬧（應是十六七歲），亂棒將他趕出，他度日如年，

披髮佯狂，村人叫他「小瘋子」。《越絕書・外傳記范伯》曰：（註七）

昔者，范蠡其始居楚，曰范伯。自謂衰賤，未嘗世祿，故自菲薄。飲食則甘天下之無味，居則安天下之賤位。復披髮佯狂，不與於世。謂大夫種曰……

可見范蠡多麼想要「出山」，有創立霸業的機會，他披髮佯狂完全是一種「廣告作為」，製造突出的吸引力。年輕的范蠡雖滿腹韜略，但當時楚國政治黑暗，一介平民毫無機會，只好特立獨行，放浪形骸。終於機會有了，新的宛邑令上任，這位叫文種的縣長發現范蠡的才華。

文種，字少禽，一作子禽，楚郢城（今湖北荊州西北）人，原在首都郢為官，因不會搞關係被發配到邊疆宛邑當縣長。從各種史料上看，文種也是一個有野心的人。他對楚平王的昏庸，忠臣良將孝子俱遭殺害，深惡痛絕，早想出奔，只是奔吳或奔越拿不定主意，才有「三顧范蠡」的事情發生。這也是范蠡的大好機會，從他青少年在故里的成長背景，到他和文種奔越時約十八歲。

肆、范蠡思想與實踐的人生指導

在范蠡所處的時代思想淵藪，可謂諸子百家大流行，尤其老子、孫子、孔子以及法家管仲的經典，都成為范蠡成長的重要文化營養。綜合深化成他的思想，再體現於成功立業的力行實踐中，但范蠡並非純粹的如老莊之道家，他若是道家，不會從政追求權力霸業，不會從商追求財富。他是「道商」，所以影響他最大的人是他的老師計然，成為他一生思想和實踐的指導正是「計然之術」。

《史記・貨殖列傳》說，范蠡既雪會稽之恥，乃喟然而嘆曰：「計然之策七，越用其五而得意。既已施於國，吾欲用之家。」（註八）言下之意，復興越國，消滅祖國的仇邦吳國，成就越王勾踐成為五霸之一，也實現自己年輕時代的壯志，創立個人霸業，這些都靠「計然之策」，而且還用不完，老師計然對他的影響多麼大。接下來他用之於家，又成就了「鴟夷子皮」和「陶朱公」的財經霸業，成為一代「道商」始祖，後世尊為商聖、財神。

可以如是說，成就范蠡一生大業者，是計然道商的思想指導。「道商者，商之大也！道為神，商為形；道為體，商為用。」（註九）因此，本書構思范蠡研究與學習，在了解范蠡的基本背景和考證後，先以一章揭開「計然」的面紗，計然其人其事與思想，這才是范蠡心中的韜略盤算。

註釋

一　人間福報，二〇一七年十二月二十日，四版。

二　李海波，《道商智慧》（北京：化學工業出版社，二〇一六年九月），頁二六。

三　中國戰史大辭典‧人物之部編審委員會，《中國戰史大辭典‧人物之部》（臺北：國防部史政編譯局，民國八十一年六月三十日），頁九。

四　雷蕾，《千秋商祖—范蠡》（臺北：信實文化行銷有限公司，二〇一一年九月），第八章，頁三七三—三七六。

五　彭桂芳，《唐山過臺灣的故事》（臺北：青年戰士報社，民國七十年十月），第三十一章，頁七一六。

六　李海波，《道商范蠡—陶朱公興國富家的人生智慧》（北京：化學工業出版社，二〇一七年元月），頁七—九。

七　漢・袁康、吳平，《越絕書》（臺北：世界書局，民國五十一年十一月），頁九五。

八　漢・司馬遷，《史記》（臺北：宏業書局，民國七十九年十月十五日），頁三二五七。

九　同註六，〈附錄〉。

第二章　范蠡的人生導師

——七國財經顧問師計然

古來有所謂「投師如投胎」，又說「未遇明師談道難」，即是說投錯胎，一輩子就都毀了。當然，投對師，找到明師，就幾乎是一輩子成功立業的保證，因為你走對了方向。如是緣由，古今「名師」都很夯，大家都想「投靠」名師（雖然名師不一定是明師）。就算到了現代社會，只要你是臺大、北大、哈佛乃至補習班名師，身價就一定不凡。

春秋戰國時代是一個不論學歷、不講文憑的時代，要想得到諸侯國君另眼看待，「你的導師是誰？」會成為一塊敲門磚。范蠡一生經過政商不同階段，他始終不忘恩師計然，把自己一輩子政商得意全歸「計然思想」的指導。所以研究范蠡一生，不論助越興國或經商致富，得先了解他的「指導教授」，隱謀神秘的計然。

壹、計然其人的考證

古籍可能因年代太久，傳抄錯誤，同一人在不同書上有不同寫法。例如，《史記》和《越絕書》上吳王闔廬，其他書常見「闔閭」，實同一人。計然，《史記》作「計然」，《吳越春秋》作「計硯」，《越絕書》作「計倪」等，根據研究考證，認為都是誤傳，實則同一人。在《太平御覽》一書中，有關於〈計然子〉傳，是這樣簡略的記載他的事蹟。（註一）

> 計然者，姓辛氏，名文子。其先，晉國亡公子也，博學無所不通。為人有內無外，形狀似不及人，少而明，學陰陽，見微而知著。其行浩浩，其志泛泛，不肯自顯諸侯，陰所利者七國，天下莫知，故稱曰計然。時遨遊海澤，號曰「漁父」，曾南遊越，范蠡請見越王，計然曰：「越王為人鳥喙，不可與同利也。」范蠡知其賢，卑身事之，請受道，藏于石室，乃刑白鷸而盟焉。

「亡公子」即流亡在外的公子，說明他有一個顯赫的家族，出身不凡。那個時代大國忙於爭霸於天下，小國則危在旦夕，流亡者都要隱姓埋名。但也和性格有關，「不肯自顯諸侯，陰所利者七國，天下莫知，故稱曰計然」，他暗中幫助七國獲取顯著利益，他成了七個國家的「地下顧問師」，而諸國卻都不知其事，真乃神也！

《漢書・藝文志》道家類〈文子〉九篇，班固在其條文下注明：老子弟子，與孔子同時。

北魏李暹作《文子注》，傳曰：姓辛……號曰計然。范蠡師事之。本受業於老子。根據《文子》、《列子》、《莊子》等古籍相關記載，老子收授的弟子有：孔子、尹喜、文子、楊朱、陽子居、催瞿、士成綺、庚桑楚、南榮趎、柏矩等。

流亡者總常改名換姓，為安全避禍的需要，研究發現計然在不同的地方用不同的名字：辛研、文子、計然、漁父……可能因流亡而有機會冷靜觀察和學習。計然學道以老子道家思想為總綱，遊學列國，融會貫通，更創新義，為老子高徒。王充在《論衡・自然》中贊曰：「老子、文子，似天地者也。」可見文子的地位多麼受到推崇。

按大陸學者李海波考證，計然是春秋時期葵丘濮上（今河南民權、蘭考一帶）人。（註二）按臺灣學者陳飛龍研究，計然是葵丘濮上（今山東臨淄西濮水濱）人。（註三）這應該不成問題，人一生住過很多地方，尤其「名人、偉人」，當地人就「納為己有」，說是本地人。

作為中國歷史上第一位經濟學家、理財家、輕重家，計然體現了計畫使然、謀畫未然、計合自然的思想。計然者，或也是寂然。《周易・系辭下》：「易，無思也，無為也，寂然不動，感而遂通天下之故。」研究計然的人生風格，如是寂寥獨立，靜若深淵，不為外物所動，正是老子道家思想的實踐者。

貳、計然的人生風格與專業成就的體現

可能是緣於流亡生活的安全顧慮，計然在行事風格或表現他的專業素養，總是「能而示之不能、遠而示之近」，大勇若怯，大智若愚。如孫子之用兵，又如他的老師老子之自然而深不可測。越王勾踐對他的學問深廣很好奇，在《越絕書・計倪內經第五》有一段對話：（註四）

越王曰：「善．子何年少，于物之長也？」計倪對曰：「人固不同。慧種生聖，痴種生狂。桂實生桂，桐實生桐。先生者未必能知，後生者未必不能明。是故聖主置臣不以年少，有道則進，無道則退。愚者日以退，聖者日以長。人主無私，賞者有功。」越王曰：「善」。

原來計然的學問來自基因，「桂實生桂，桐實生桐」，龍生龍，鳳生鳳，老鼠生的兒子會打洞。他的家庭教育好，家族世代都是道學悟道者，也順便給勾踐提示了「人主無私」的治國之道。

計然作為老子門下最有代表性的高徒之一，而他又培養了范蠡這樣的高徒，他們的行事風格和學問，有多麼高的同質性。范蠡幾乎把老師的一切「複製」下來，進而發揚光大，師以徒貴，門徒顯耀其師，他們有共同的特色，實為古今聖賢之奇絕者。（註五）

其一、計然范蠡皆好「隱」：他們繼承老子的「無名、無為」風格，不求名不求利，隨時也把得來之大名大利置於身外，說放下便放下。「陰所利者七國」，而范蠡縱橫政商如神龍，他們是中國最早的「地下工作人員」。計然身上完美體現「不爭而有，有而不恃，長而不宰，功成不居」的風格，范蠡亦如其師。

其二、計然范蠡皆好「謀」：他們都得到老子「嬋然而善謀」的智慧，他們精通富民強國之道，對於天文曆法、農業地理、理財管理、韜略兵法、經商賺錢等無所不通，且謀定後動，動而必成。世間一切陽謀陰謀皆不足以形容此二聖之大法奇謀，尤其在「設計夫差」一謀，真乃千古未有之絕謀。

其三、計然范蠡皆好察「色」：精通相人之術，善察諸事之理，故能精準閱人。計然一見勾踐，便忠告愛徒：「越王為人，長頸鳥喙，可與共患難，不可與共榮。」後果真如是，皆善於觀察風險。范蠡二徙為「鴟夷子皮」，齊王找他為相，他看出不祥之兆，亦走為上策。

其四、計然范蠡皆好「遊」：他倆才華蓋世，冠絕古今，卻都胸懷「大丈夫恬然無思，淡然無慮，以天為蓋，以地為車，以四時為馬，以陰陽為御，行乎無路，遊乎無怠，出乎無門」之泛泛大志。在《莊子・雜篇》中，記載一則自號「漁父」的故事，可能就是計然的一段人生經歷，而現在全中國有一半省分地區，有范蠡的行腳足跡和古蹟。

計然周遊天下行至楚國，楚平王專程接見問計然：「吾聞子得道于老聃，今賢人雖有道，而遭淫亂之事，以一人之權，而欲化久亂之民，其庸能乎？」楚平王本是淫亂昏君，他不過隨便問問。

計然太清楚這位昏君了，楚國之忠臣良將孝子俱被他殺害。計然不針對自己的經濟專長回答，而針對楚平王的回答說，用高尚的道德糾正邪惡，使天下安定，關鍵在君主一人。君主對百姓澤德深厚，國家就會興旺，暴虐積怨將使國家滅亡。這句話句句對楚平王說的，可惜他聽不懂，淫亂昏庸依舊，楚國險些因他滅亡！

參、關於「計然七策」

計然的思想體系源自老師老子的道學，他將老子道學思想，與實際的國計民生之政治、經濟、軍事及天道、人道相融合。通過自己親身實踐，幫助弟子范蠡運用於政商經營大版圖中，取得輝煌的成果。

他的思想體系特色之一，是老子「一陰一陽之謂道」的陰陽辯證思想，范蠡經常提到的「計然七策」，不離陰陽、有無、虛實等辯證關係。略述如下。（註六）

其一要掌握好「不易」與「變易」的總體認識。老子認為「道」是先天地而生的無形存在，具有永恆性、獨立性，又通過觀天地人之道，看到一切都在變化中，相互激盪，相互生成、相互制約。大致與老子同時，人間另一位聖者佛陀，在菩提樹下金剛座夜觀天象，悟出第一個「道」因緣法，謂宇宙一切，緣生則聚，緣散則滅，一切隨因緣變動。老子和佛陀悟道所述，所用詞彙文字不同，內涵則相通。計然和范蠡深得聖者之真傳，深知禍福、曲直、有無、強弱、否泰、善惡等，都存在辯證關係，對立統一，相互依存。國之興亡，經濟盛衰，當然都包含在陰陽交替之中，對於未來就有了自信的可預測性。

其二要掌握好「有欲」與「不欲」的研究工具。經濟學的核心思維在人類財貨的「有欲」，人類的慾望無限，而財貨有限，要如何有效利用？西方資本主義經濟學要解放人的「有欲」，可以無限制生產和擴大市場，若是「不欲」將導致經濟活動全面消逝。

老子則提出「有欲」和「無欲」兩種價值觀，以「道」做為選擇和發展，指出「人法地，地法天，天法道，道法自然」的方向，此即「自然無為」，這是道家思想的本質。對於世間一切利害關係，老子提出「反者道之動」，故「將欲翕之，必固張之；

將欲弱之，必固強之；將欲廢之，必固興之；將欲奪之，必固予之」，孫子兵法亦向老子取經。只有深刻洞察人的「有欲」和「不欲」方向，才能在政治、經濟、軍事戰場上，取得先機。

其三要掌握好「天道」與「人道」的對應關係。老子觀察天道月滿則虧，水滿則溢自然之道，得出「天之道，損有餘以補不足」「富貴而驕，自遺其咎」的基本認識。計然把這種天道思想用到經濟領域，認為經濟政策必須「陰陽平衡、農商兩利」。他舉例說，用一石二十錢低價向農民收購糧食，就會傷害農民的積極性；用一石九十錢高價賣糧食給商人，就會傷害經商的動力。所以糧食出售價不宜高過八十，收購價不宜低於三十，此農商兩利。

計然根據自然天象變化規律，提出「十二周期循環理論」，認為「知斗則修補，時用則知物。故歲在金穰、水毀、木飢、火旱」。所以，能安然幫助人們度過災禍的，是對自然規律和客觀環境，有正確的判斷和平時有備。

其四要掌握好「買進」與「賣出」的對應關係。計然告訴范蠡說，要成為最高明的商人，必須懂得按自然變化和市場需要多寡來備貨，根據市場變化決定買進和賣出。市場需求未到買入價格低，需求來了價格高。這就是經濟學原理中「供需決定價格」的最早論述。

計然將陰陽學說的「動靜」思維用於經濟，提出「貴上極而反賤，賤下極而反貴」觀點。這便體現了「禍兮福所倚，福兮禍所伏」的辯證轉變中，符合自然規律的價值觀。在商品的價格波動中，貴了就把它像糞土一樣出掉，賤了就把它像珠寶一樣買進。財富就是要像水快速流通，才能創造更多財富。

其五要掌握好「實體」與「虛擬」的對應關係。虛實相合概念很類似佛法說的有無一體，虛、實、有、無，從科學上看當然是不通的，但從道學或佛法就可以通融，乃至互為成長相生。

禪師可以從無看到有，乃至無中生有，計然和范蠡則從虛實間提出「旱則資舟、水則資車」理論，以及范蠡從政商經營所得巨大成就，也得益於這種有無相生、虛實相合的思想指導。

其六要掌握好「有餘」與「不足」的對應關係。禮樂崩壞的春秋末葉到戰國時代，天災人禍連連，社會經濟受到過多干預，貧富失衡，如何解決這些問題?老子主張「我無為而民自化，我好靜而民自正，我無事而民自富，我無欲而民自樸」。統治者若能力行這樣的政策，五湖四海將自化，天下財源滾滾而來，社會也將和諧安定，人民也會「甘其食，美其服、安其居，樂其俗」，大家過著幸福美滿的生活。許多問題全在「有餘」多太多！而「不足」者少得日子過不下去！

計然感悟到老師道學的偉大，也把對「無為」的理解傳授給范蠡，「私志不入公道，嗜慾不枉正術，循理而舉事，因資而立功，推自然之勢也。」特要遵守「不竭澤而漁，不焚林而獵，樹木不大不砍，魚不長尺不得取，昆蟲未蟄不火田……」這才是富國利民的永續經營。到了今天廿一世紀，各國才在大聲急呼要推行這些政策，而二千五百年前，我國老子、計然、范蠡等老祖，已經在力行實踐了！

其七要掌握好「財貨」與「生命」的對應關係。老子在《道德經》向眾生提問：「名與身孰親？身與貨孰多？得與亡孰病？」到底虛名重要還是身體重要？到底身體值錢還是財貨值錢？到底是擁有後產生的問題多，還是失去後產生的問題多？凡此種種，身為凡夫的我們，有誰思索過？

過度追求名利必有無辜之恥辱，過分聚財必有災禍，計然領悟老師的道理，也把這道理告訴第子范蠡，「聖人不恥身之賤，惡道之不行也；不憂命之短，憂百姓之窮也。」而富國強兵之道，則在「廣兮其若谷者，不敢盛盈也。進不敢行者，退不敢先也。」「視民所不足及其有餘，為之命以利之，而來諸侯，守法度，任賢使能，償其成事，傳其驗而已。如此則邦富兵強而不衰矣。」無論治國或經商，都能以民心為心，以天下心為心，必能成就大業。因為利人就是利己，「以其無私，故能成其私」，助人就是幫己，這是古今所憑藉最佳的「投資法門」。

肆、介逢士和熊彼德心中的計然：現代經濟學先驅

計然作為中國古代最著名的經濟學家，二千多年來始終有人研究他，但也始終遠處的和尚唸經才動聽。二十世紀中國著名的經濟學者唐慶增到美國哈佛大學研究經濟，回國寫了《中國經濟思想史》，才開始推崇計然。（註七）其他學者也有研究計然經濟思想，始終也很零散，沒有給計然在世界經濟思想史有何種「適當並合事實的定位」。

值到十九、二十世紀，西方最著名經濟學家介逢士（**W.S.Jevons,** 一八三五－一八八二）和熊彼德（**Joseph Alois Schumpeter,** 一八八三－一九五〇）。他們研究世界經濟史，從各民族古老歷代文獻中，以客觀的學術方法梳理問題，發現中國古代計然是「經濟循環論」創立者，是經濟學的先驅。（註八）給了計然在世界經濟史上，一個

合實的定位，而不是強權說了算數。

熊彼德生於奧國的Moravia維也納大學習法律和經濟，他是經濟學家、銀行家、內閣部長，他是「創新」學說倡導者，最著名大作是「景氣循環」（Business Cycle）理論。一九四二年他出版《資本主義、社會主義與民主》一書，認為資本主義制度是「倒塌中的城牆」，從二十世紀末到二十一世紀初，已在實證中，看見「城牆倒塌」。而英國經濟學家介逢士，在貨幣和金融研究書中，創立「太陽黑子說（Sun-Spot Theory），和計然所說吻合，他是西方經濟學家第一個推崇計然。這就讓我們更懷念計然經濟學家，身為中國第一位經濟學家，世界經濟思想的先驅者，二千多前他講了甚麼「現代經濟學」？歸納有五。（註九）

第一、經濟循環論

中國人都知道一句老話，「天下大勢，合久必分，分久必合。」這是「政治循環論」。觀察宇宙或人生諸種現象，莫不如是。經濟現象亦變化無窮，卻也不能久盛而不衰，不會久衰而不盛，有一種自然循環法則在推動著發展軌跡。在《越絕書・內經》計氏說：「故聖人早知天地之反，為之預備。故湯之時，比七年旱而民不飢。禹之時，

比九年水而民不流。」天象和農產間，存在看「反」（循環返回）的通則，〈內經〉指出十二年一循環說：（註十）

> 太陰三歲處全則穰，三歲處水則毀，三歲處木則康，三歲處火則旱。故散有時積，糴有時領（宗禪案，領疑作頒，言聚散均有時）……水則資車，旱則資舟，物之理也。天下六歲一穰，六歲一康，凡十二歲一饑。

穰是豐收，「康」同「糠」，是「米皮」喻歉收。意思都是說，人間的經濟盛衰，尤其農業生產，和「歲星」運行有密切關連，每十二年一循環。在《史記‧貨殖列傳》也有類似一段話：（註十一）

> 計然曰：「知鬪則修補，時用則知物，二者形則萬貨之情可得而觀已。故歲在金，穰；水，毀；木，饑；火，旱。旱則資舟，水則資車，物之理也。六歲穰，六歲旱，十二歲一大饑。

古文中之「歲」指太歲、歲星。「太陰」乃歲星之化身，按反時鐘方向運行，歲星按順時鐘方向運行。《史記》和《越絕書》用辭繁簡不同，內容並無不同，都指出十二年循環一次。歲星運行到「金」和「水」部位六年中，農產會有一年穰（豐收）；歲星運行到「木」和「火」部位六年中，農產會有旱（乾荒）；歲星運行一周天（十二年），人間必有一年大饑饉。

十九、二十世紀，西方著名的經濟學家，熊彼德、介逢士，及法國瞿格拉（C.Juglar），紛紛從科學、天文學等證實經濟循環論，都採用了計然經濟學說，計然才是始創者。

第二、恐慌的預備

「人之生無幾，必先憂積蓄，以備妖祥。」是計然的恐慌預備論，妖通「殀」指災害。人生也好，人間也罷，任何社會、國家，多少有些天然災害，都必須有所防備。「聖人早知天地反，為之預備」是先進又合理的「安全存量」觀，越絕內經計然有一段話：

興師者必先蓄積，食錢布帛，不先蓄積，士卒數饑。饑則易傷，重遲不可戰。戰則耳目不聰明，耳不能聽，視不能見，什部之不能使，退之不能解，進之不能行。饑饉不可以動……人之生無幾，必先憂蓄積，以備妖祥。凡人生或老或弱，或彊或怯，不早備生，不能相葬，王其審之……

這段話講到要有備的地方很廣泛，用現代語言說，國家對於各種「戰略物資」如石油、米糧、飲水、貴重金屬等，都必須有「安全存量」，尤其強國、大國、中國、美國、俄國等，都重視安全存量，列為「戰略物資」蓄積和管制。就個人而言，也是有備無患。

按計然所述，國家不做好戰略物資的「安全存量」，可以說一切都免談了，「退不能解，進不能行」，仗也打不下去，故「興師者必先蓄積」。而換成個人或社會也是同樣道理，「人生或老或弱」，必先憂蓄積，否則可能死無葬身之地！

在吳越外傳，有一段記載計然在蓄積方面的成就說，「設八倉，從陰收著；望陽出糴。筴其極計，三年五倍。」從「陰」是從那年起，著同「貯」是儲存，望「陽」到那年，「筴」是簡冊記載，「極計」最高量，倉庫存糧三年增加五倍。可見計然不光是經濟理論，也是經濟政策可執行的實行家。《史記・貨殖列傳》也有一段計然關於物資儲存的見解。

> 積者之理，務完物，無息幣。以物相貿易，腐敗而食之貨勿留，無敢居貴，論其有餘不足，則知貴賤……修之十年，國富……

原來計然的「國富論」從積著之理開始，物資要儲存（安全存量），但資金「無息幣」，錢不能停滯不動，要像流水一樣，投資買賣轉動才能「財富創造財富」。西方直到一七七六年，亞當史密斯（Adam Smith,1723-1790），才提出資本主義聖經《國富論》，晚了中國二千年。

計然這種「恐慌預備論」，後來在《漢書》也提到：「旱極則水，水極則旱，故於旱時而預蓄舟，水時預蓄車，以待其貴，收其利也。」現代社會各國有遠見的執政者，負責任的掌權者，都要思索國家未來可能面臨的問題，預做準備，有備無患，無備日夜恐慌。

第三、通習貨物的源流

計然所說的「通習源流」就是現代經濟所說的「通路」，貨品從生產者到消費者，中間經過的每一「環節」和「路線」。現代商業競爭激烈，商場有句老話，「誰掌握通路，誰就能佔領市場」，有了市場才能財源滾滾來，於是企業家都在搶通路。

計然提到，湯之時比七年旱而民不饑，禹之時比九年水而民不流，就是當時統治者不僅有「安全存量」理念，也能做到「通習源流」。（註十二）

其主能通習源流，以任賢使能，則能轉轂乎千里，外貨可來也。不習則百里之內不可致也。人主所求，其價十倍，其所擇者，則無價矣。夫人主利源流非必身為之也。視民所不足，及其有餘，為之命以利之，而來諸侯。

其主「通習」是完全了解，「源」指產品的產地或源頭，「流」是運輸路線或交通管道，「轂」指車輛運輸。「千里外，貨可來」大約是當時國際貿易，百里內大約是國內通路，貨「百里之內不可致」，就像臺灣經常發生的，中南部農產品到不了臺北市場，只好任其爛在農田裡，農民承擔巨大損失，叫天不應，叫政府亦無力解決。可見這看似簡單的問題，實際上很複雜，制度不健全，不法商人控制了通路，使問題製造更多更大的問題。

如何徹底「通習源流」？從貨品的生產，或集散之源頭，以及貿易運送之管道，或流程，有關資訊，要通盤了解和掌握，了解一切常數，掌控變數，就可以通習源流。也就是孫中山先生在〈民生主義〉講的「貨暢其流」。看似容易，古來所有商人、經濟學家、統治者，都在為「貨不暢其流」而頭痛！

「任賢使能」所指，是聖君所任用官吏必須有經濟上的專業，對生產、運輸、集散、品質、價格、流程等，都要有專業知識。避免外行領導內行，導致「通習源流」成為一句空話！

第四、通暢貨源，增加收益

「通習源流」和「增加收益」是一體的，分開講是為研究上的方便。例如，臺灣最常發生的事且數十年都無解，以香蕉為例，經常產地慘到一斤一元，臺北的超商則高達三四元以上。蕉農血本無歸，乾脆不收割放在田裡爛掉當肥料，其他蔬菜水果也常發生，收益盡入黑心商人之手，而苦了生產者和消費者，政府稅收也流失。

通習源流的目的是創造共利，大家都增加收益，從生產者、轉運者、經營者、消費者和政府，共同獲利，各方都能得到好處。前段越絕內經，計然說：「夫人主力源流，非必身為之也。視民所不足，及其有餘，為之命以利之。」文中兩個「利」利字，應指同一事。通常「利」有二解，一指順利、通暢，源流通暢還有一個重要因素，維持產品的合理價格，這放第五項再說清楚。

「利」的第二個解釋是「利益」。所謂「利源流」、「以利之」，都是透過貿易途徑，使千里之外（國際）貨可來，使各方都得到利益。這個「各方」，至少有以下五方：（註十三）

1. 計然文中所說「來諸侯」，就是透過貿易和各諸侯國建立友好關係，類似中國現在用「一帶一路」對各國開放，政治、經濟、文化、觀光都獲益無窮。

2. 使人民在「免於飢荒之苦」後，進而有「守法度」的基礎。「通習源流」的管道若不通，或因某種事件被「封殺」，國家和人民都會陷入困境，歷史上實例太多了。如今之國際對北韓經濟封鎖，使其「源流」全面阻塞，就成了天大的問題。

3. 貨物運輸、流通，在合法市場中進行交易，除政府有稅收利益。過程中許多「中間商」、運輸者、儲存者，除了獲益也創造就業機會。

4.進行「平糴」、「齊物」都可能產生「盈餘」，甚至有額外的「附加價值」。通習源流的「通路」上，會產生很多附加價值。例如，運輸路線上設休息站、飯店，必產生更多商機。

5.國家經濟活動旺盛，貿易往來活絡，政府就會增加各項收益，國庫充足，有利於進行各大建設。「聖君」的雄心壯志，才得以完成，大業得以實現。

第五、維持貨物的合理價格

任何貨品的價格，在和平時期的正常情況下，理論由供需決定，這看似很單純的道理，卻也是古今中外所有政府的大難題。例如現在美國瘋狂總統川普要重振「美國製造」，但價格太高又失去競爭力，這不光是兩難，而是涉及多重複雜問題。

春秋戰國的越國是小國，北至御兒（今嘉興縣御兒鄉），南到句無（句無亭，今諸暨縣境），東至於鄞（鄞縣，今寧波），西到姑蔑（今太湖）。「廣（東西為廣）連（南北為連）百里」，總面積約一萬平方公里，不到台灣的三分之一。大家或許存疑，不到台灣三分之一土地的小國，如何要在國際稱王稱霸？但想到今之以色列便覺有可能。越國可謂小國寡民，基本民生物質尚可維持，想要增加財富，「富國強兵」，只有

「通習源流」，仰賴國際貿易，通路通暢再加維持貨物的合理價格很重要。在越絕內經有一段計然的價格言論：（註十四）

> 甲貨之戶曰：粢為上物，賈七十；乙貨之戶曰：黍為中物，石六十；丙貨之戶曰：赤石為下物，石五十；丁貨之戶曰：稻粟令為上種，石四十；戊貨之戶曰：麥為中物，石三十；己貨之戶曰：大豆為下物，石二十；庚貨之戶曰：穬比疏食，故無賈；辛貨之戶曰：菓比疏食，無賈；壬、癸，無貨。

「粢」是稷的別稱，是百穀之長。「賈」同「價」字。「黍」俗稱黃小米，「稻粟」是上等米穀，「上種」是做種用的上等稻粟。「穬」是野生的芒粟，也叫粱。這段引文針對各種農產品訂出的價格，應是當時的「公告價格」，實際市場上受供需影響，必定尚有上下。在《史記・貨殖列傳》也有一段計然對價格的論述。（註十五）

> 夫糴，二十病農，九十病末。末病則財不出，農病則草不辟矣。上不過八十，下不減三十，則農末俱利，平糴齊物，關市不乏，治國之道也。

「末」是指商人。意思是說：若米價每石二十，傷害農民的利益，必然打擊農民的生意意願；若米價每石九十，會使交易減少，減損商賈的利益。因而必須規定米價，下限每石不得低於三十錢，上限不得高於八十錢，如此農商兩利，保障各方利益。

計然經濟思想與現代經濟學的內涵，核心思考都是一致的。只是小國寡民的越國，用計然的經濟政策，竟能達到富國強兵成為「五霸」之一，真是不可思議，難怪范蠡說：「計然之策七，越用其五而得意，既已施於國，吾欲用之家。」范蠡可以說「複製」了老師計然的學問，用於經商理財，成為當代商業巨擘。

唐天寶元年（西元七四二年），文子計然被玄宗皇帝賜封為「通玄真人」，與文始真人引喜、沖虛真人列御寇、南華真人庄州，並稱道教四大真人，其著作《文子》尊為《通玄真經》。

一九七三年，河北定縣四十號漢墓出土《文子》殘簡，墓主確定是西漢中山懷王劉修。殘簡《文子》和今本《文子》相同處有六章，劉修一定也是計然的「粉絲」，才將《文子》帶入墓中，真是「死都要愛」啊！

註釋

一 李海波，《道商范蠡—陶朱公興國富家的人生智慧》（北京：化學工業出版社，二〇一七年元月），〈入門之師：低調而神祕的計然〉。

二 同註一，頁二四。

三 陳飛龍，〈計然其人其事及其思想〉，《人文學報》，其他資料不詳。

四 漢・袁康、吳平，《越絕書》（臺北：世界書局，民國五十一年十一月），頁七〇。

五 同註一，頁二七—三〇。

六 同註一，頁三三—三七。

七 唐慶增，一九二〇年留學美國習經濟，哈佛大學碩士，一九三六年由商務出版《中國經濟思想史》，推崇計然的「經濟循環論」。

八 同註三，頁一九。熊彼德（**Joseph Alois Schumpeter, 1883-1950**）經濟思想，詳見：高希均，《經濟學的世界》（上篇）（臺北：天下文化出版股份有限公司，一九九一年元月三十一日），第十七章。

九 同註三

十 同註四，頁六八。

十一 漢・司馬遷，《史記》（臺北：宏業書局，民國七十九年十月十五日），頁三二五六。

十二 同註四，頁六九。

十三 同註三，頁二二—二三。

十四 同註四，頁七三。

十五 同註十一，頁三二五六。

第三章　范蠡致富發財，先俱備的六個條件

為什麼要先講「致富先決條件的學習」？道理很簡單，萬事萬物會形成一個「果」，必有諸種前「因」，這是一個必然會形成的關係。例如，你二十歲就考上律師，必是因為你前幾年的努力，沒有那樣努力就得不到律師「好果」。

換一種舉例，假如可以研究世界上十個頂尖企業家，如馬雲、比爾蓋茲等，歸納出這十個人為何可以成為大富豪級企業家？每位都列出五項特質，這十個人的「特質」（致富先決條件），可能都非常相近。

反之，也調查十個窮困的街頭流浪漢，每位也都歸納出五項成為流浪漢的特質，相信每位的「特質」（先決條件），也一定會很相近。

世人皆知范蠡「三致千金」的故事，大家都想從范蠡身上學習致富門道，但多數人的學習方向並不很正確。因為「三致千金」也好，范蠡致富也罷，這些都已是現成

的「果」，在成果的前「因」，才是得「果」（致富）的先決條件。這些條件造成范蠡致富，若全部抽離這些條件，范蠡比我這窮書生還窮，因為他還是個「窮二代」。所以，要學習范蠡的致富發財術，要從「前因」開始，沒有前因必無後之果！

一個「窮二代」為什麼可以在幾年間，快速翻身，成為越國的大將軍、相國，使幾乎已經滅亡的越國，復興達到「富國強兵」之勢，助越王勾踐復仇，消滅祖國仇邦吳國。戰後退隱從商，又成為當時的大企業家。為什麼范蠡不論做甚麼？都一定可以取得極為可觀的致勝果實！筆者研究他一生行誼，發現他有六種導致成功的先決條件。凡是想要成功立業，尤其想要創造大財富的人，要先使自己俱備致富「先決條件」；若無，則要盡快自我改變學習，逐步俱備這些先決條件，致富就可以是自然結成的「果」。

壹、基因個性：從文種三訪范蠡說起

又回到千古以來那句老話，「個性決定前途」。人的個性和基因有直接關係，可謂從基因而來，加上成長過程的教育和環境，逐漸形成人的個性或性格。一個人願意做什麼？想做什麼？追求什麼？一定和基因個性有關！

說一則莊周（莊子）的故事。有一天，莊子雲遊到楚國，楚王派使臣來請他做宰相。莊子一聽向使臣說：「有一隻大烏龜，在泥裡爬來爬去，怡然自得，享盡天年。另有一隻大烏龜，被人捉去宰了，肉被人吃掉，蓋殼被做成卜的材料，燒出卜文，刻上文字，放在廟堂上，供人敬拜。我請問，哪一隻烏龜快樂享福？」使臣回答：「當然在泥裡爬的快樂享福。」莊子說：「請回去報告楚王，老莊只願意在泥裡爬。」

古今中外能當大官，表示光宗耀祖，又可自我實現，幾乎是人人求之不得，何況宰相大位，一人之上，萬萬人之下，何等風光！但莊子卻視相位如「破鞋」。為何？因為他是莊子，基因個性思想等，決定他成為純粹的道家思想哲學家。他不會「笨」到去當官，也不會去經商，悠遊於大自然，追尋「天人合一」是他的理想。而范蠡呢！他只想創立霸業。

周敬王十八年（楚昭王十四年、越王允常九年、西元前五〇二年），文種三訪范蠡後相偕入越。在此之前，已經奔吳的伍子胥派人遊說文種，要他去吳國共成大業，文種拿不定主意，因而求教於范蠡，這年范蠡十八歲，文種約三十初頭。因楚國政治黑暗，奸臣當道，都想到別國找機會。

文種第三次訪終於得見范蠡，十八歲的范蠡為文種發表一篇〈天下大勢與未來去向分析〉，歷史上稱〈宛邑對〉，與後來三國時代孔明〈隆中對〉並稱。孔明出山輔佐劉備時已二十八歲，范蠡出山才十八歲，可見其不凡，《越絕書》記錄這篇〈宛邑對〉。（註一）

> 子胥負冤莫伸，因以挾弓矢干吳王。於是要君入吳，馮同相與，時共戒之。且君子違時，不入仇邦，忌反攻其故國也。為雪今日之恥，又不失故國之親；無已，其往越乎！越王允常親於楚，時與楚聯兵伐吳。楚靈王觀兵坻箕山之役，越軍深入過舒，為吳人敗之於鵲岸。楚以舟師伐吳圍陽之役，越大夫胥犴勞王於豫章之汭，越公子倉公子壽夢歸王乘舟，又率師從王。前年夏，吳人伐越，敗越之師，是越與吳方欲爭雄之時也。然越與吳相鄰，同風共俗，霸業創立，非吳即越，君如去越，蠡願隨供犬馬之役。

十八歲的范蠡對當時國際情勢理解的高度，用現代術語叫「國際政治專家」或「大戰略高度學者」。這也表示他早已「做好準備」，隨時可以「下山」大顯身手。

這篇〈宛邑對〉文中，楚靈王觀兵坻箕山之役，事在周景王八年（前五三七年冬十一月）；越軍深入過舒（今安徽省舒城縣），為吳軍敗於鵲岸（今安徽省同城縣西北桐鄉南之鵲尾渚）。楚以舟師伐吳圉陽（今安徽省無為縣南之江中洲上），事在周敬王二年（前五一八年）。這篇短文也顯見范蠡對當時吳、楚、越關係理解極深。

但筆者舉這篇范蠡對文種的「簡報」，主要解讀范蠡的基因（個性、性格、思想、人生觀之綜合）。可以從文中看到強烈的訊息，乃至「明顯答案」，清楚知道范蠡的內心世界，他想做什麼？

第一、筆者特別注意「創立霸業、非吳即越」八個字。雖然我們和范蠡相隔二千多年的時空距離，但「人同此心、心同此理」，古今中外的「偉人」中有幾個十八歲就想「創立霸業」？唐太宗、漢高祖、拿破崙、亞歷山大……或今之毛澤東、蔣介石、馬雲、比爾蓋茲……或讀者也可以問自己「十八歲時在想甚麼？」可以確定的是，十八歲就要「創立霸業」，且清楚認識「非彼即此」，乃全人類中極稀有之「異種」。如何形成這樣的「異種」？只有從先天基因和後天環境融合而成的「個性」，可以是最合理合情的詮釋。

第二、他是強烈的「民族主義」者。當時楚國政治雖然黑暗，但國家目標和外交政策是一貫的，先東進伐吳，再北進中原。為伐吳，必須「聯越制吳」，吳國就是楚之大敵（仇邦），所以范蠡告訴文種，「不入仇邦，忌反攻其故國」，「君如去越，蠡願隨供犬馬」。祖國雖然黑暗，依然是心中的祖國，他要入越，助越伐吳，消滅祖國之大患。這從他後來必置吳王夫差於死地，決心必滅吳國，前後的心路歷程可以判定他是「民族主義」者。如何形成「民族主義者范蠡」？相信也只有綜合先天後天所塑造成的「個性」，可以是合情合理的詮釋。

「個性決定前途」，范蠡成為相國、大將軍、商聖、財神，是他俱備第一個先決條件。他想、他要、他決心要去追求，不達目標不終止。范蠡為達到他的人生目標，完成他的理想大業，可以說「不擇手段」去執行，全力以赴幹到底。親愛的讀者，你俱備這個先決條件了嗎？還是只想喝咖啡把妹！

貳、計然弟子、名師高徒

列出這項是為強調「教育和專業背景」，也是成功立業的先決條件，尤其經商理財是有高度專業性的。當然，一輩子只想搞個「一人或幾人公司」就滿足，或賣饅頭包子維持一家生計，或許只要一些簡單的基本小常識。但要成為國際級大企業家，對所經營領域，除了高度專業背景、絕對還要政治、戰略高度的國際觀。這時候你師從何人？你出自哪裡？會成為重要的「敲門磚」。例如，你出自臺大、哈佛或劍橋的某某大師座下，可能你不必出門，就有高人三訪請你「下山」，以現代來說，創立霸業，非美即中。

計然是當時「七國財經顧問師」，放眼人類歷史，就是現代國際開放的「地球村」，也沒有哪個全球頂級企業家可以成為七國財經顧問師。（詳見第一章）

計然的學問可以說全部被范蠡複製下來，再加以發揚光大。計然是經濟學家，范蠡則是實踐家，把老師的理論從經商理財中加以檢驗、證實，成就「鴟夷子皮」和「陶朱公」的商業王國，讓後世尊為商聖、財神。

可以這麼說，當范蠡成為計然弟子，就已俱備成為「商聖、財神」的先決條件。他的教育和專業引導他「三致千金」，這不過是必然的因果關係。想要致富的讀者，你的教育和專業何在？有多少高度？

當然也有人質問，王永慶也沒讀幾天書，未從名師。這和個人學習力、悟力、個性都有關，萬事亦有例外。滿清奴爾哈赤，即未留洋，也未讀黃埔或西點，但對「內線作戰」的戰略運用，超越古今中外所有軍事家、戰略家，他天生就行，這是基因加後天自我學習。

參、兵法家與企業家雙重風險管理

研究范蠡一生行事風格，他可以說政商兩得意，從未失敗過，他並非沒有碰到危機，他總善於處理危機，跑在風險之前。所以他能從政致將相，從商致千金，發現不祥即散盡財富，換個地方從新起家又致千金。有這樣一再致富的能耐，得以從心所欲，安身立命，功德圓滿，做好風險管理是重要的先決條件。

從他的第一徙，離開楚國到越國謀發展，正說明「亂邦不居」的選擇和管理。到了越國目的是要復興越國，經由這個「舞台」創立霸業，伐吳滅吳是越王勾踐最重要和急迫的國家目標。因時機不對，范蠡多次阻止勾踐伐吳，勾踐不聽建言，結果打了

敗仗，險些亡國。在《史記・越王勾踐世家》范蠡曰：（註二）

> 臣聞兵者凶器也，戰者逆德也，爭者事之末也。陰謀逆德，好用凶器，試身於所末，上帝禁之，行者不利。

這是兵法家的風險管理，孫子是范蠡崇拜的兵法家，他當然也熟讀《孫子兵法》，兵者凶也，不可輕啟戰端。在即將面臨亡國之際，范蠡又對勾踐說：「持盈者與天，定傾者與人，節事者與地。卑辭厚禮以遺之，不許，而身與之市。」最後吳王夫差終於同意「勾踐請為臣，妻為妾。」（註三）也終於保住勾踐老命，也保住越國得以不亡，並在范蠡輔佐下「反敗為勝」。

范蠡心中很清楚，由於勾踐的重用，他才有機會「創立霸業」，當上相國、大將軍，消滅祖國（吳）仇邦。但最大的風險是功成名就後仍待在勾踐身邊，勾踐對他而言才是最致命的危機，最危險的人物。所以，史料顯示，范蠡是早有準備，謀定而動，在滅吳後就率領一批人（家人、隨從、夥伴、死黨等），「連夜逃出，浮於五湖，不知所終」。范蠡必須走在風險之前，盡快「脫離雷區」，可從以下六點分析，他的風險管

理功課真是第一名。（註四）

第一、范蠡智慧比勾踐高。范蠡如同他的老師計然，天文地理無所不通，政治經濟管理無所不曉。進而超越老師，兵法韜略、醫學、占卜，無所不精。勾踐差的太遠，對於范蠡這種「超人」，除了國家有難必須重用，承平時那能放心！

第二、范蠡想法比勾踐毒。別的不談，光是設計勾踐去嚐吳王夫差的糞便，以取得感動和信任這種奇謀，勾踐當了「五霸」之一了，仍心有餘悸，太可怕了。這種「恐怖份子」留在身旁，越想越不放心！

第三、范蠡心腸比勾踐狠。亡國之君已成定局的吳王夫差，一再派使者求和告饒，勾踐心軟同意了。而范蠡堅決不準，夫差被迫自殺身死國亡，對於這樣權力凌駕領導之上的幹部，想來腿都軟了，怎能留下他！

第四、范蠡忍耐度比勾踐強。這是很多方面都看得出來，多次勾踐忍不住要伐吳，范蠡仍耐住性子勸阻。為復興越國大計，一出手便是「十年生聚、十年教訓」規劃，且能逐步實踐，這種耐力氣魄是叫勾踐望而生畏的！

第五、范蠡名聲比勾踐亮。當時范蠡在各諸侯國的知名度已超級響亮，連可敬的敵手伍子胥也稱范蠡「聖臣」、「智臣」，而勾踐在諸侯國間傳誦的只有恥辱。最後復國成功，挽回一點名聲，勾踐也只得個「霸」號，那容得下身旁有個被稱「聖」之臣！老臉擺哪裡？

第六、范蠡正當中年，有活力、有企圖、有野心，更有能力、有才華、有本錢。勾踐曾說要和他平分天下，若他真要，這可怎麼辦？

范蠡所看到的風險，不止於「狡兔死、走狗烹、敵國滅、謀臣亡」層面，而是更廣更深，三十六計走為上策，走在風險之前。

范蠡走後，勾踐找上文種，質問：「子伐吳九術，吾用其五，其四在汝。」按文種伐吳九術有：(一)尊天地、事鬼神，(二)重財幣、以遺其君，(三)貴糴粟槀(四)遺之美好，以為勞其志，(五)遺之巧匠，使起宮室高臺，盡其財，疲其力，(六)遺其諛臣，使之易伐，(七)彊其諫臣，使其自殺，(八)邦家富而備器，(九)堅厲甲兵，以承其弊。故曰：「九者勿患，戒口勿傳，以取天下不難」。(註五)

勾踐也只想找個理由除掉文種，說九術藏在他肚子裡，寡人怕怕，於是令文種自殺。范蠡曾勸文種快離開，只可惜他沒有意識到危機正在發生。他不以為意，他的危機意識和風險管理，全都不及格。

范蠡轉型從商後，他的危機意識始終很高，也始終行動在風險之前。齊王使者來訪，他即警覺「不祥」，馬上將「企業總部」遷到定陶，改變「商號」再營業，這或許是企業家兼兵法家的警覺性吧！

肆、生態環境：春秋末葉到戰國時代的商業環境

先提兩個假設：(一)把范蠡放在今之北韓或文革時的中國，將如何？(二)把范蠡放在今之西方資本主義社會，或今之中國式社會主義（國家資本主義）社會，將有什麼不同的發展結局？

這兩個假設有很多議題可以討論，包括資本主義為什麼沒有在中國發生？何種生態環境才有致富的機會？或那一種環境才是企業家的「產房」？才能產出俱有社會責任的企業家！或那一種社會才是賺大錢的社會？這種生態環境是致富的「先決條件」。在「有錢的地方」，才能賺到錢！

春秋末到戰國時代的商業環境如何？冶鐵工業已深俱規模，鐵器大量製造，生產工具得以改進，生產事業蓬勃開展。農業方面，牛耕普及，農業和水利呈現飛躍的進

步。手工業方面，鋼鐵冶煉、青銅製品、房屋建築、舟車製造，達到空前技術水準。其他紡織、煮鹽、漆器、陶器和皮革製品業等，也是空前興盛。（註六）這種情形除了中國文明文化在當時已甚為先進，和各諸侯國推行「富國強兵」政策，有「供需」關係拉力。

各項工商農發達，帶動商品交換與貨幣流通，促成商業繁榮，也促成大城市的形成。齊國都城臨淄（正是范蠡二徙之地）最為繁華，七萬戶人家過著富裕的生活，路上車輛擁擠，行人肩膀擦來擦去。餘如楚都鄢郢，趙都邯鄲等各國都城亦如是，輕重家（商人）乘勢而起。春秋戰國各諸侯國並不抑商，大致都是農商並舉。

齊國從姜太公開始，鼓勵開發漁鹽事業，發展國際商旅，成為周王朝最富裕的諸侯國。到齊桓公時代，在管仲經濟政策支持下，使桓公成為春秋五霸「霸主」，齊國已形成「商業國家」的特色。桓公以後，周王室漸漸式微，齊國趁機擴張商業經營範圍和地域，到戰國始終是國際上最富裕之國。范蠡創業的「第一桶金」壓在齊國，是很有眼光的，在有錢的生態環境才能賺到錢，去北韓能成就什麼？想要賺錢創業致富的人，必須考慮這項先決條件，才不會白做工！

伍、創意創奇，千古未有之奇謀奇招

創意並非現代社會才受到重視，古今中外自有人類文明文化發展以來，聖賢豪傑的腦袋都比一般人更有創意，思維邏輯和普通「凡人」也是大不同。基本上，創意創奇，創千古未有之奇謀奇招，一招比一招高明出奇，是最後勝利成功者的特色。假如你能用心讀《孫子兵法》或任何大家兵法，都在講致勝之道不外創意創奇！

很多有學習上進心的人，都知道「有錢人想的和你不一樣」，大企業家大富豪腦袋想的就更不一樣了。嚴格說來，這又和先天基因加後天環境形成的個性有關。有的人就愛坐辦公室，每日做一樣的文書工作，坐一輩子不升職也無所謂，存一點小錢放郵局生利息就滿足了。但叫范蠡坐一個月，鐵定就「逃亡」了，或他根本不想幹這種「鳥事」。《越絕書》記載一段范蠡從小與眾不同的思維和行為。（註七）

> 其為結僮之時，一癡一醒，時人盡以為狂。然獨有聖賢之明，人莫可與語，以內視若盲，反聽若聾。夫文種入其縣，知有賢者……

范蠡的性格中，攜帶著與生俱來的孤獨、異俗反常特質，這應該是一種創意創奇的天生基因，與眾不同。大家也不了解他，只有識貨者如文種知其「有聖賢之明」。對於其他鄉人，聽范蠡的遠大抱負，都嗤之以鼻，認為是天方夜譚，簡直是狂人、神經病。另在〈越絕外傳記范伯第八〉曰：（註八）

昔者范蠡其始居楚，曰范伯。自謂衰賤，未嘗世祿。故自菲薄，飲食則甘天下之無味，居則安天下之賤位。復被髮佯狂，不與於世。

「復被髮佯狂，不與於世」，根本就是一種極有創意的「廣告行為」，自我行銷的奇招。但他一生所搞出來最俱創意的奇謀，是設計勾踐去嚐夫差的糞便，以取得夫差的信任和感動，最可怕、最致命的傳奇。

創意創奇是不能複製的，別人的招術你照套就不管用，還落個「抄襲」之諷。你必須和別人不一樣，天下之唯一，神鬼莫測，成大功立大業致大富，就離你越來越近了。這項先決工夫頗有難度，須要好好修煉。

陸、先有一顆賺錢的腦袋，到處有賺錢機會

西施被認為是中國歷史上第一個女間諜，也是第一個被貼上「美人計」標籤的美女故事。（註九）可以證明，西施在「勾踐復國」和范蠡滅吳的霸業中，也產生了重大功能，合理的推論（間接資料判斷），滅吳後西施跟著范蠡經商，也幫忙賺了不少錢。話說當年文種和范蠡在苧蘿山下發現西施和鄭旦二人，不啻如並蒂之芙蓉也，《東周列國誌》第八十一回如是記載：（註十）

勾踐命范蠡各以百金聘之。服以綺羅之衣，乘以重帷之車，國人慕美人之名，爭欲認識，都出郊外迎候，道路為之壅塞。范蠡乃停西施鄭旦於別館，傳諭：「欲見美人者，先輸金錢一文。」設櫃收錢，傾刻而滿。美人登朱樓，凭欄而立，自下望之，飄飄乎天仙之步虛矣。美人留郊外三日，所得金錢無算，悉輦於府庫，以充國用。

這種情形有如筆者始終不忘的夢中情人、臺灣第一名模林志玲小姐來了、萬人空巷，人山人海，大家爭相來觀賞「美女」，道路為之壅塞。范蠡一看這情形，靈機一動，「商機」有了。把兩個美女送到別館，妝扮的如仙女下凡，在高臺上「展覽」，賣起門票，設櫃收錢，如是三天，國庫小賺一筆，補充建軍備戰之用。

范蠡到了渤海灣看人曬鹽、養魚，到定陶看當地產琉，到秦國看皮毛山產等，他看到的都是商機。換言之，他的腦袋就是一顆「賺錢的腦袋」，他的諸多封號中應該加上，「美女經濟」或「網紅經濟」始祖。

柒、小結

本章歸納出范蠡致富的六項先決條件，也是任何想致富經營大企業的人，必須要先有的「六項修煉」：(一)你的基因個性必須是經商的料；(二)投對老師跟對人、修得所要專業；(三)風險管理素養，必須有一定高度的修行；(四)在對的生態環境，有錢的地方才能賺到錢；(五)創意創奇、超越同業；(六)賺錢的腦袋、處處是商機。

這六項很難排出重要順序，六項先決條件都很重要，要全部俱備似乎也不容易。例如你俱備五項，獨欠第四項，生態環境不對，人在如「北韓」環境裡，能成就什麼？

註釋

一　《中國歷代戰爭史》（第二冊）（臺北：黎明文化事業股份有限公司，民國六十五年十月），頁五六；另見《越絕書》（臺北：世界書局，民國五十一年十一月），第七卷。

二　漢・司馬遷，《史記》（臺北：宏業書局，民國七十九年十月十五日），頁一七四〇。

三　同註二，頁一七四〇—一七四一。

四　李海波，《道商范蠡：陶朱公興國富家的人生智慧》（北京：化學工業出版社，二〇一七年元月），頁二八九。

五　漢・袁康、吳平，《越絕書》（臺北：世界屋局，民國五十一年十一月），頁一五三。

六　張元編著，高中《歷史》（上冊）（臺北：龍騰文化事業公司，民國八十四年教育部公布標準本），頁三二一—三二二。

七　同註五，頁九二。

八　同註五，頁九五。

九　洪淑苓，〈美人計的敘事模式與性別政治—從西施故事談起〉，《婦女與兩性學刊》第八期（臺北：臺大人口研究中心，民國八十六年四月），頁一五一—一五六。

十　明・余邵魚，《東周列國誌》（臺北：大臺北出版社，民國七十五年五月），頁六四一。

第四章 范蠡二徙「鴟夷子皮」商號品牌經營實況

范蠡功成名就之後，為何不「衣錦還鄉」回楚國？而選擇到齊國臨淄靠近渤海的曬鹽地帶。看現在山東省地圖，淄博市東側約十餘公里有「舊臨淄」，就是范蠡等一行人到達創立「鴟夷子皮」商號品牌的地方。現在距離渤海（萊州灣）海岸約四十公里，但二千五百年前這裡是離海岸不遠。范蠡不回楚國，雖然和吳楚越政治關係糾纏不清有關。主要還是他想經商，齊國的經濟政策、商業環境，也對他產生了吸引。

所以他到齊國並非臨時起意，或走投無路「亡命到此」，這完全不是范蠡的行事風格，就是一個現在一個普通人要移民到哪一國？不把那裏弄清楚嗎？何況他早說了「計然之策七，用其五已得意，現在要用之家」，筆者合理推論，他離開越國之前，可能「先鋒隊」已先到臨淄！而到臨淄曬鹽、賣鹽，創「鴟夷子皮」商號，應該也不是突然的事，是在計畫內逐步實現的。

壹、范蠡二徙選擇齊國的因素分析

選擇到齊國發展商業王國，證明范蠡這顆商業腦袋思考的又深又遠，就像今天的郭台銘或任何國際大企業家，要做大投資「非美即中」，一定是經過深入的評估。范蠡二徙遠到齊國為創業第一站，有四大深遠的主因分析。（註一）

第一、齊國有悠久的工商業文化歷史背景。齊國是姜太公的封國，他是一個政治家、軍事家、兵法家、經濟學家、謀略思想家，世稱「謀聖」。後來的孫子、老子、計然三家，其思想和作品不少源自《姜太公兵法》和太公言論思想，這個淵源范蠡了然於心。

齊國初封，以營丘為中心，是典型小國寡民，自然條件不佳，也可能被列強征服。治國有方的姜太公採「以商領政」的指導策略，制定「富民強國」基本國策，他讓人民先富起來。齊國土地貧瘠（鹽分太多），不適合耕種，乃大力發展工商業和漁業。鼓勵「家庭工業」，婦女在家縫衣服，織腰帶、做鞋子、制帽子，賣到各封國，推展國際貿易。

曬鹽和漁業則是姜太公的主力產業，也是齊國最古老的自然產業。「勸其女工，極技巧，通漁鹽」，有「利」最能吸引民心，「富民強國」目標於焉達成。在《史記‧齊太公世家》曰：（註二）

太公至國，修政，因其俗，簡其禮，通工商之業，便漁鹽之利，而人民多歸齊，齊為大國。及周成王少時，管蔡作亂，淮夷畔周，乃使召康公命太公曰：「東至海，西至河，南至穆陵，北至無棣，五侯九伯，實得征之。」齊由此得征伐，為大國。都營丘。

姜太公是我國最早「以商立國」的典範，「以太公之聖，建國本」。後來的管仲就是以太公「富民強國」為指導要綱，佐齊桓公「九合諸侯，一匡天下」，管仲把「以商立國」政策推展到更高境界，范蠡就是為追尋這樣的理想而來。

第二、齊國有成熟的工商業發展思想。管仲先經商後從政，但他經商成果不佳，直到鮑叔牙知道他的政治長才，把他舉薦給齊桓公並任相國，他才有機會實現以工商強國的理念。「治國之道，必先富民」、「治國常富，亂國常貧」，這已經很接近現代「中產階級」理論。他針對「富治思想」提出主張說：（註三）

> 凡治國之道，必先富民，民富則易治也；民貧則難治也。奚以知其然也？安富則安鄉重家；安鄉重家，則敬上畏罪；敬上畏罪，則易治也。民貧則危鄉輕家，危鄉輕家，則敢陵上犯罪，陵上犯罪，則難治也。是以善為國者，必先富民然後治之。

這實在是中產階級理論的管仲版，證之人類社會發展實況，例如一九四九年前的大陸社會，乃至今天的臺灣社會現狀困局，亦皆如是，「倉廩實知禮節，衣食足知榮辱」。管仲的富民思想是士、農、工、商並舉，但社會必有一群「先富者」和「未富者」的落差，貧富差距於焉形成，管仲要怎麼辦？

> 夫民富則不可以祿使也，貧則不可以罰威也。法令之不行，萬民之不治，貧富之不濟也。（註四）

貧富差距太大國家會亂，怎麼辦？必須由國家控制經濟方向（即如今之中國所行「國家資本主義」）。做到「上下有義，貴賤有分，長幼有序，貧富有度」。因此，管仲告訴桓公說：「王者藏於民，霸者藏於大夫，殘國亡家藏於篋」，藏富於民才能長治久安，故須「散積聚，鈞羨不足，分並財利，而調民事也。」這不就是范蠡「千金散盡復還來」的金錢觀。

第三、齊國有完善的工商業管理制度。你到某國投資不考慮該國工商管理制度嗎？何況范蠡！管仲在齊國建立穩定的工商管理制度，正是范蠡所要的經商環境。管仲將齊國劃分為二十一鄉。工商之鄉六，令工商之民居之；士農之鄉十五，令士農居之，士農十五鄉又分三屬，桓公、高子、國子各師五鄉。工商之鄉六直屬桓公，故桓公共帥十一鄉，高子、國子均為世襲上卿。（註五）又設「輕重九府」，專做景氣研究，調節人民的供需。

管仲採行由國家鑄造錢幣以捉進商品流通，制訂捕魚、煮鹽之法，鼓勵國際貿易。

訂「官山海」制，鹽鐵列入國管事業，農業方面採「輕稅薄役」制，提高人民生產的積極性。凡此，皆范蠡所嚮往也。

第四、齊國有優厚的招商政策和投資環境。現在中國、美國及英法等有為政府，都在積極改善投資環境和擴大招商。二千多年前管仲是怎麼做的？「一乘者有食，三乘者有雛菽，五乘者有伍養。」凡外國商人到齊國經商住房免費，能帶著一輛馬車到齊國經商，其餐費亦免；能帶三輛馬車到齊國經商，食宿免費外，再免費提供馬的飼料；能帶五輛馬車到齊國經商的商人，更再提供秘書助理（僕人）的優惠條件。在商業稅上，管仲採「弛關市之征，五十而取一」，象徵性百分之二的稅。我們看看管仲的招商策略，和現在各先進國家招商有何不同？

齊國的招商和投資政策，吸引當時各國商人攜帶大批財富，蜂擁而至，使「天下之商賈歸齊若洪水」。齊國從姜太公到管仲打下深厚的基礎，直到戰國末期都還和秦國並稱「東西二帝」。范蠡的「鴟夷子皮」商號，就是在齊國優良的商業土壤中，迅速建立並快速壯大。

貳、「鴟夷子皮」商號經營實況

范蠡一行到了齊國今之渤海萊州灣，主要經營鹽業是大家普遍知道的事，化名「鴟夷子皮」為經營商號，鹽業方面則掛名「鴟夷鹽場」。在管仲時代，鹽是國營事業，到范蠡時已可私人經營，形同自由市場。范蠡把鹽行場址設在海岸附近的「萊子國」地區，這裡夏代稱萊夷地，商代叫萊侯國，西周時叫萊子國，齊桓公時歸附齊國，成為齊國領土，人們仍習慣叫萊子國。

渤海灣自古就有煮鹽的傳統行業，且鹽的品質比越國好，鹵度高、結晶快、顆粒大、色澤白，晶瑩剔透，是上等好鹽。這方面范蠡最清楚，秦、晉等各內陸地區，貴族才吃得起渤海灣的海鹽，一般平民只能吃品質差的井鹽，貴族和富人以吃得起海鹽為權力的象徵。所以，齊國海岸的鹽在內陸諸侯國地區，都可以賣到很好價錢，照理說鹽民應有不錯利潤，可以維持很好生活。

但范蠡花了不少時間，帶領幹部走訪、觀察、研究渤海灣數十個零星曬鹽、煮鹽村落，鹽戶都普遍貧窮。為什麼這個古老的天然產業發達不起來？到底原因何在？最後范蠡歸納出三個原因。

第一、都是「個體戶」分散經營。這裡的煮鹽百姓，都是一戶一爐一口鍋，一條扁担兩個筐，煮好的鹽要挑上百里路，到城裡去賣，換取糧食和日用品，聊以糊口。

沒有組織、運輸、產銷等運作。

第二、收購價被壟斷壓低。城裡仍有商人收購，但價格被奸商壟斷，把價格壓到很低，鹽民幾乎只賺到勞力錢，或許這也和戰爭動亂有關。

第三、煮鹽戶已達飽和狀態，這和外商不來有關。戰爭受到破壞是全面的，外商不來，煮鹽戶飽和，有時煮出的鹽賣不出去，鹽民乃陷入困境。

整體情形有如臺灣每年都要發生的事，農產品（香蕉為例），產地平均一斤二元，而臺北超市仍一斤三十元以上。巨大利潤全被中間奸商削奪，蕉農慘狀欲哭無淚，乾脆不收割任其腐爛當肥料。

范蠡看出巨大商機，鹽戶簡直是「金飯碗討飯」。他觀察到問題出在何處？也知道要怎樣解決。他將鹽戶組織起來，宣布「鴟夷鹽行」收購所有煮出來的鹽，並給所有煮鹽戶最好的價錢。不到半年，「鴟夷鹽行」的大旗，在渤海灣海灘上掛起來，在一望無際的大海邊，迎風飄揚。方圓百餘里內十多個煮鹽村全成了「鴟夷分行」，鹽民也成了「鴟夷員工」，且不斷擴大規模中。

國際貿易是范蠡的專長，大約才到齊國的第二年，他的馬車運輸隊已經到了秦、魯、宋、衛、晉和齊國西部地區，第一批運鹽馬車到秦都咸陽是范蠡親自領隊。因為他和咸陽富商顏如卿首次「異業結盟」，范蠡的鹽運到咸陽，由顏如卿全部收購並專賣。回程時，車隊運著秦國的皮毛、藥材、鐵制農具，竹製品等各種山產，又沿著歸途賣出。大約不到三年，鴟夷子皮的鹽已流通到鄰近諸侯國，其他附帶買賣的山海產、民生用品不知多少，鴟夷子皮形同百貨業。實際上像「臺鹽」，除了賣鹽，周邊附帶買賣的商品不計其數，反正能賺錢的全拿來賣。

參、「鴟夷子皮」的意義與價值

范蠡到了齊國化名「鴟夷子皮」，同時也是事業經營的商號，幾年後也成了當時的「國際名牌」。到底「鴟夷子皮」從何而來？代表甚麼意義？像范蠡這種謀定而後動的人，一定很慎重取名。

有的研究說，「鴟夷子皮」是齊國當地已存在的貿易聚點（商號），被范蠡買下。（註六）有說臨時起意想到的，他認為自己已不再是相國、大將軍了，今後就是吃飯喝酒做生意，當個自在的小老百姓，王公貴族看就是「酒囊飯袋」，鴟夷子皮正是此意。

「鴟夷子皮」確實就是生牛皮做的袋子，用來盛水或酒，長途旅行者或在沙漠乾旱之地，是重要的盛水裝備，南宋辛棄疾有一首〈千念調〉的詞曰：

巵酒向人時，
和氣先傾倒。
最要然然可可，
萬事稱好。
觚稽坐上，
更對鴟夷笑。

詞句中，巵、觚稽都是斟酒器，鴟夷是皮制的酒袋，儲存液體之用，南宋偏安一隅，正是吳越爭霸之地，詩人有所感慨。但可以肯定，鴟夷子皮也為紀念伍子胥，范蠡和子胥兩人同是楚國人，范蠡視子胥是千古獨有的忠臣，伍子胥則稱范蠡是「聖臣」，可見二人多麼相互欣賞與相惜。只因二人身在相互敵對之國，范蠡以反間計和美人計除掉伍子胥，借夫差殺掉他，雖是戰場上的勝利，不得已之舉。當初夫差令伍子胥自殺後，用「鴟夷子皮」盛其屍體，沉之於江。幾年來，范蠡內心充滿愧疚和惋惜，就給自己取名「鴟夷子皮」，對這一代忠臣表達無限敬意和懷念，不久也成了一塊國際商界最著名的「品牌」。

鴟夷子皮另一種重要意義和價值，正是「品牌意識」。英國科技史學家李約瑟（Joseph Needham）在《中國之科學與文明》書上，有一道著名的「李約瑟難題」，「資本主義革命，即工業化革命，為什麼沒有在發達的中國產生？」這有很多解釋，原因之一是幾千年來中國人欠缺「品牌意識」。而資本主義社會的商品流通特徵，「品牌」是重要的觀念和權利（力）。

中國從秦漢後的「重農抑商、獨尊儒學」，在文化上甚至對商人有一種歧視，應該也都是原因。但在春秋戰國時代，各國追求「富民、富國」，以堅實「強兵、強國」基礎，有相當程度的自由市場，范蠡的「品牌意識」得以誕生。這是中國最早的「商標」、「品牌」。

肆、關於鴟夷子皮是否相齊與三徙

化名為鴟夷子皮的范蠡成為大企業家後，是否又當了齊國宰相？歷史上也有二說，不外是與否。奇怪的是，二說都有「合理」的解釋，《史記・越王勾踐世家第十一》說：（註七）

> 齊人聞其賢，以為相。范蠡喟然嘆曰：「居家則致千金，居官則致卿相，此布衣之極也。久受尊名，不祥。」乃歸相印，盡散其財，以分與知友鄉黨，而懷其重寶，閒行以去，止於陶。

「乃歸相印」四字，可以解釋他「當過」齊國宰相。齊王盛情邀請，他實在推不掉，就接下相印，就算接下一天再歸還相印也是當過，類似情形中外歷史多得是。馬英九曾任命一位國防部長（人在、略提），第二天媒體爆料他的一篇文章（已出版、時英）有「問題」，連續「轟炸」三天，該部長即「歸還部長印」不幹了，據聞，是史上最「短命」的國防部長，任職前後不到一星期。

有研究指出，范蠡相齊，又帶領齊國富強，並督建了中國第一段長達二百里的「齊長城」。但「鴟夷子皮」就是范蠡，終於被勾踐的情報人員發現，準備要攻打齊國，范蠡才歸還相印，進行三徙。（註八）

另一種「不可能」的說法，范蠡到齊正是「田氏專政時期」，齊平公自身難保。專橫的田常及其族人，不會允許外人范蠡插手齊國政治，精明的范蠡也不會蹚這個「政治渾水」。（註九）但「乃歸相印」如何解釋？也可以這麼說，齊平公派人「送去」相印，范蠡在推持過程中，確實也把相印「拿」在手上，雙方繼續談判，范蠡仍堅持不受，乃歸相印。如此解釋也合理，范蠡並未相齊。

總而言之，范蠡覺得「久受尊名，不祥。」開始進行他的三遷計畫。何時離開齊國？遷往定陶，有說在齊約三年，有說七八年之多，筆者認為三年建立「鴟夷子皮王國」，有點太神話了，七八年較為合理。

范蠡在齊國經商期間，心裡仍牽掛著老友文種，當初勸他離開不以為意，現在再勸一次，應該是到齊不久。可見范蠡也是很有義氣的朋友，他不忘文種三訪之情。他派專使帶信給文種，《史記》記載：（註十）

> 范蠡遂去，自齊遺大夫種書曰：蜚鳥盡，鳥弓藏；狡兔死，走狗烹。越王為人長頸鳥喙，可與共患難，不可與共樂，子何不去？」種見書，稱病不朝。人或讒種且作亂，越王乃賜種劍曰：「子教寡人伐吳七術，寡人用其三而敗吳，其四在子，子為我從先王試之。」種遂自殺。

《史記》「伐吳七術」，在《越絕書》稱「伐吳九術」。勾踐叫他去試給先王看，就是叫他自殺，他的危機意識和風險管理都比范蠡差很多。再度說明，想要成大功立大業致大富，風險管理是一項「先決條件」的必要修煉，否則大業未成身先死，怎麼死得還不知道！

註釋

一 李海波，《道商范蠡—陶朱公興國富民的人生智慧》（北京：化學工業出版社，二〇一七年元月），頁三〇三—三〇八。

二 漢・司馬遷，《史記》（臺北：宏業書局，民國七十九年十月十五日），頁一四八一。

三　施治，《中外軍制和指揮參謀體系的演進》（臺北：中央文物供應社，民國七〇年九月），頁二〇，或另見管子相關著作。

四　同註一，頁三〇四，或見管子相關著作。

五　同註三，頁二二一。

六　雷蕾，《千秋商祖—范蠡》（臺北：信實文化行銷有限公司，二〇一一年九月），頁二五五。

七　同註二，頁一七五二。

八　羽氤蝴，《刀鋒上的聖人—范蠡的算盤》（北京：中國華僑出版社，二〇一三年三月），二二〇—二二二。

九　同註六，頁二五七。

十　同註二，頁一七四七。

第五章　范蠡三徙「陶朱公」商號品牌經營實況

陶，今稱定陶縣。看現在的山東省地圖，位於山東省西南邊陲角落，荷澤市南方二十公里，距離渤海灣直線約四百公里。

現代若到定陶尋訪「陶朱公」足跡，縣城往東北五華里有一座蠡墓，是縣級重點保護文物。定陶人為紀念范蠡，在縣城立有范蠡像，命名有范蠡湖、范蠡賓館、范蠡市場、陶朱公大街等。戰國時僅稱陶，後為紀念范蠡「定於陶」在此定居，乃改「定陶」，至今沿用。

另在山東肥城（渤海灣和定陶中間、濟南市南方約四十公里），附近陶山西麓也有一座范蠡墓，陶山居「天下之中」，適合經商，墓前三百公尺是范蠡祠和幽棲寺。在幽棲寺附近村民曾從古井中挖出石碑，一塊刻有「太史公紀范蠡避地居陶，陶為通衢……明崇禎七年立」；另一塊刻有「幽棲寺何為而名世，以越大夫范蠡自春秋迄於今也」。（註一）石碑的出土，祠寺等的存在，也都證明二千多年前范蠡在陶山一帶經商，死後也葬在陶山。

按周代墓葬一般是「平葬」，地面上沒有土丘堆積。所以范蠡墓、范蠡祠都是後人紀念所建造，大家太愛他了，都想請他來「住」引為光榮，全中國乃出現六處范蠡墓。（註二）定陶和陶山相距不遠，應該都是「陶朱公」商號的經營基地，《史記》上「止於陶」，涵蓋定陶和肥城陶山，是很合理的判斷。

壹、三徙「止於陶」的原因分析與「陶朱公」創立

周貞定王四年（前四六五年），范蠡一行三遷到陶，他警覺「不祥」並非突發性行為，《史記》上說：「盡散其財，以分與知友鄉黨，而懷其重寶，閒行以去，止於陶。」「盡散」並不是「散盡」，對於「鴟夷子皮」這塊值錢的商標，賣掉也獲得不少資金。（註三）他到陶山就可以很快重建營業基地。

陶山地處天下之中，乃齊、魯、衛、宋的交界處，四面八方都接諸侯之國，乃通

各國之交通樞紐。東是「多文采布帛魚鹽」之利的齊國，南達「桑麻之業」的魯國，西通韓、魏、秦的廣大腹地，北接「魚鹽棗栗之饒」的燕趙。陶地的「天下之中」，就成了各國客商往來的集散中心，在「鴟夷子皮」時期，范蠡和他的團隊往來各國時，早已在陶地有許多生意經驗，現在范蠡想在陶地區發展他的「陶朱公」事業。

研究資料顯示，隨范蠡到陶地區大約是五十人左右的團隊，包含他的家人、追隨多年的夥伴和他們的親人、重要幹部和家人等，有的乾脆入范家族譜。（註四）所以，「范蠡三徙」不是一個人或少數幾人的隨興（性）流浪，而是一個大族人團隊的計畫性遷移。

范氏團隊到陶山後，透過他的政商關係，把陶山附近土地買下一大片，有山林、湖泊和平地，準備畜牧、養魚之用。從這裡也說明，二徙到三徙，范蠡的人脈關係和財富是有連續性的，並非傳說中散盡（歸零）又重來，《史記》說的「盡散其財」是「盡量」散一些給別人，主要則「懷其重寶」，把「重寶」帶到陶地。

在陶地不久，范蠡給自己取名「朱公」，因在陶地就叫「陶朱公」，住的地方叫「朱公山庄」。陶地居天下之中，是做生意的好地方。陶朱公也做為做生意的商號，陶朱公名聲逐漸傳開，成為中國流傳幾千年，至今仍響亮的名字。而在當時，陶朱公是「國際名牌」，范蠡真是創造「名牌」之能手。

貳、三年計畫「千金復還來」

「陶朱公」商號開張後（其實他始終沒有因遷徙而完全「停業」，他在各國的「分號」事業是持續的，只是商號改了。），他做了三年發展計畫：一年收回成本，兩年開始有盈餘，三年發家致富再擴大規模。他從六畜養殖場、養魚場做長期事業基礎，開設了屠宰、皮毛、釀造，建起鹽行、絲行、飯莊、客棧等鋪面，利用當地的土質和現有工藝，也開辦了製陶廠。在山坡上種滿桑樹，帶動當地人養蠶、收繭、繅絲……諸多開辦的事業，有的與人結盟，有的是別的商賈經營不下去，面臨結束營業而頂讓給「陶朱公集團」，竟又「起死回生」，轉虧為盈。這可能是陶朱公「品牌」魅力產生的動能吧！

才三年，他已經發展到有五十多輛馬車隊，三艘貨船，大大的「陶朱公」三個紅字印在車船的大旗上，迎風飄揚，從水陸兩路，在神州大地各諸侯國間往來馳騁。三年多，「陶朱公」又成為國際名牌。這給陶地（陶山到定陶）帶來重大的改變，來自齊、魯、衛、宋等各地商販，包含手工業者、藝人、賣特產、雜貨……紛紛雲集陶地，許多人乾脆在陶地安家落戶。而較遠的秦、晉、韓、魏和南方各國，開始有慕名而來的商人，要和陶朱公做生意。「人潮就是錢潮」，陶朱公為陶地帶來繁榮和財富，或許范蠡也始料不及。

在陶地發展幾年後，他偶然看到一種「藉勢賣馬」的商機，北方馬多便宜，南方馬少又貴，但諸侯國為「強兵」須要，有很大的潛力市場。只是中途風險很高，可能有腐敗官府會「截貨」，正好有一富商要運大批貨到南方，他有「打通官府」的能力。於是陶朱公和他合作，免費為他運貨（四百匹馬由陶朱公負責收購），他則負責打通官府。就這樣的合作模式，陶朱公在北方收購馬匹，組建馬隊，運貨到南方，卸貨後，就地將馬全部賣掉。據聞，政府的錢好賺，古今不知是否有所不同？

「千金散盡復還來」，李白只是詩語言說說，純屬文學想像，創造一種具有空靈美感的「神話」。而范蠡則是力行實踐，拿出魄力玩真的，三年真的千金復還來。

參、商機如戰場，生絲價格戰

生意做大了，佔領了市場，「樹敵」似乎必然就會有，因為別人的生意利益被你「吃掉」，怎能善罷干休？敵人是一定要出手的。這種戰爭古今中外多的是，有的商人不小心也可能「一戰而亡」，收攤關門。

或有質問者曰：「道商怎會樹敵？」這道理很簡單，人只要任何方面夠「強大」，就一定有了敵人（對手）。勾踐為什麼要除掉文種和范蠡？因為這兩個夥伴任務完成沒用了，還在各方面那麼強大夠力，寢食不安！就像二〇一七年底，美國政府公告川普任內首份《國家安全戰略報告》內容指出，「中國與俄羅斯對美國的權力、利益和影響力構成挑戰，並試圖蠶食美國的安全和繁榮。」「企圖改變世界格局，是尋求挑戰美國強權的競爭對手。」（註五）晚清以來，世界列強都以「病夫」看待中國，如今世界第一強權老美竟把中國列為「競爭對手」，處處要防著，中國人真的強起來了，人家看得起你才稱你是對手，我們應該感到光榮和欣慰。這也論證，就算你是仁者，只要你夠強大，你就有了敵人（對手）。佛陀、上帝也有敵人要來中傷！

原來陶朱公也在買賣生絲，而且規模越來越大，陶地原來有一家老牌「同泰絲行」，經營者叫周源，本來是陶地方圓數百里內的首富，現在短短幾年已被陶朱公超越。稍早陶朱公尚未經營生絲，他並未警覺道有威脅，自從陶朱公開始買賣生絲不久，他便感受到「安全和利益」日益被蠶食。（註六）終於，他決心要出手，仗著在生絲業的家底厚實基礎，可以讓陶朱公在生絲業混不下去。殊不知當周源在算計著范蠡時，范蠡老早已先在算計周源，不僅如此，范蠡也在算計著天下大勢，有一場戰爭要爆發了，棋要怎麼走要算好。身為計然弟子，絕不會算錯，更不會被算計，只是先按兵不動。

那周源出手了，一個生絲行的老手亦非浪得虛名。他算好時機把生絲收購價抬高到二百錢一石，陶朱公跟進提高到二百一十錢一石。周源毫不猶豫提高到二百二十錢，范蠡又提高到二百三十錢。

一來一往間，最後周源提高到二百七十錢一石，這是空前的高價，范蠡卻不再追高。此時范蠡手上有三百多石，而周源有近千石，范蠡又「化整為零」，慢慢拋售，終於以高價脫手，一千多石生絲全部流向周源所有。周源正高興以為打了勝仗，齊魯戰事居然爆發了，齊國西部地區到陶地數百里範圍，水陸交通全被戒嚴封得死死，民間車船、商賈一律不得通行。周源這下問題大了，生絲不能久放，積壓太久漸漸發黃就不值錢，是巨大的損失，富商難以承受的大虧本。

周源越想越不對，難道陶朱公有天眼，可以預測戰爭爆發？周源想對了。對於有很高素養的戰略家、兵法家，從政局觀察、判斷那裡會爆發戰爭？其實只是他的基本常識而已，不是太難的事。范蠡雖然經商，對各諸侯國政局依然很清楚。幾個月來齊魯開始有零星衝突，陶朱公不是普通商人，他從越國丞相、三軍統帥轉變而來，強大的吳國尚且亡在他手上。齊魯兩國種種戰前徵候，他怎會不洞若觀火？他在齊魯戰前，先發動一場生絲價格戰，有兩個理由，一是逼迫對手哄抬物價，把對手逼入死角；二是戰爭也是商機。

周源就快被近一千三百石生絲壓趴下了，金錢損失外加名譽，以後在生絲業難以立足。周源不得已找上陶朱公，願以便宜價格賣部分給陶朱公，總比賠的一乾二淨好，幾經談判，陶朱公願意全部收購，堅持價格是一百一十錢一石。周源也想全部脫手，減少損失，也想看陶朱公的「好戲」，看他如何出手這千多石生絲。

正當這千餘石生絲又流回陶朱公庫房之際，他已帶著幾位得力幹部，微服夜訪「齊西地區水陸戒嚴司令長官」閭邱亮大將軍，他和閭將軍是很久的朋友了。原來范蠡和閭將軍早已談妥，由將軍的戰船運生絲到渤海灣萊子國轉運站，所得利潤一半勞軍，將軍當然也好處不少。

生絲很順利運出去，閭將軍大喜，竟慫恿陶朱公利用戰事未停，多做幾趟這種生意。陶朱公當然就擴大生意範圍，數月間運了不少輸往南方的貨，將軍和陶朱公發了不少橫財。

說「橫財」不好聽，當時應該沒有立法規定「官商勾結」事，即無立法，便不算犯法，只能說范蠡的人脈了得，生意手段高明。商場如戰場，要打勝一場仗，本來就充滿陽謀陰謀和算計，范蠡熟讀《孫子兵法》，也把孫子當崇拜學習對象，當知何謂「多算勝，少算不勝。」！

肆、賑災，生意人要富行其德

范蠡除了賺錢第一名，他賑災做慈善也是第一名。資料顯示和研究范蠡的著作，大多提到范蠡曾經參與賑災，第一次是鴟夷子皮時期，渤海灣發生大颱風，各地災情慘重。第二次是陶朱公時期，在齊國西部、陶地、宋和魯晉部份地方發生旱災。在兩次賑災過程中，范蠡打開各庫房積貨，把一車車米糧、藥品、民生品，都運往災區，令各地員工停止營業，投入災區建立救濟站等。弄到兒子有意見，當兒子都怕「遺產」短少了一文，像范蠡這樣搞下去，遺產遲早被搞光，兒子哪能接受？

「我們賺錢不是要守住錢！」范蠡開始訓兒子一頓，「生意人要富行其德，樂善好施，眼睛不能只盯著錢、守著錢；我們做大生意的要懂得化智為利，化智為義。我們從百姓賺錢，百姓平安生活，我們才有錢賺。」說得兒子啞口無言。

有一種商機是范蠡到陶地最先起步做的，他很早就知道陶地一帶產朱砂，加工後可以製成多種商品，用的最廣是染料和印泥。當時各國大興土木，中國人最愛紅色，宮殿、亭臺等，都刷上一層富貴紅，陶朱公的生意好得不得了，從他的眼睛看出，簡直到處有賺錢機會。

范蠡從周貞定王四年（前四六五年）三遷到陶，事業順暢，也在這階段生了老三，沒有再碰到任何「不祥」，就「止於陶」，終老於陶地。直到貞定王二十二年（前四四七）結束人間之旅，「陶朱公公司」只經營十八年，商聖財神則千秋萬世，永恆不死！永存之品牌！

註釋

一　雷蕾，《千秋商祖—范蠡》（臺北：信實文化行銷有限公司，二〇一一年九月），頁三七一—三七二。

二　同註一，頁三六八—三七二。

三　同註一，頁二五八。

四　羽氤蝴，《刀鋒上的聖人—范蠡的算盤》（北京：中國華僑出版社，二〇一三年三月），頁二二五。

五　人間福報，二〇一七年十二月二十日，第四版。

六　同註一，第六章，第四節。

第六章　從「鴟夷子皮」到「陶朱公」的經營法則學習

研究范蠡一生政、商、道三棲圓滿成功經歷，尤其這最被千秋萬世所稱譽的商務財經管理，從「鴟夷子皮」到「陶朱公」的致富大法，可以說幾千年來，人人都想從中悟出一點門道，好讓自己也能致富。有大志者以其「致富大法」超越陶朱公，僅立小志者則可發點不大不小的財，於願以足。

范蠡成為輕重家（商人）後，做什麼都發，賣什麼都賺，能致千金也能散財。金錢對於他，簡直到了「呼之則來，揮之則去」的境界。提起放下間，又如老莊，難怪他成為「道商」始祖，是中國歷史上唯一得「雙聖位」封號（商聖、聖臣）的人。神阿！從他的生命歷程和實戰經驗，歸納出致富操作大法，供商場上為事業打拚的戰友們參考學習。若你能用心領悟，或比照「范蠡模式」，複製乃至在其基礎再發揮現代新創意，一定可以節省「白做工」的珍貴光陰，實踐你的致富目標。

壹、貴出如糞土，賤取如珠玉：低價買入，高價賣出

或許有人聽到「低價買入、高價賣出」，第一個反應可能是「廢話！這麼簡單誰不知道？阿狗阿貓都知道，哪要陶朱公說教？」確實大家都知道，就是這麼簡單。現代社會流行的黃金、股票、期貨和各種商品買賣，「菜籃族」都知道要低價買入，等漲到一定高價賣出，這是古今中外賺錢之不變法則，確實不需要范蠡來說教，人人都知道很簡單的方法，

其實世間的真理都是極簡單的。有人請教高僧要怎樣修行？高僧回答：「就是吃飯和睡覺。」吾國明朝大思想家王陽明則說：「**飢來吃飯倦來眠，只此修行玄更玄；說與世人渾不信，卻從身外覓神仙。**」真理簡單，只是不悟；知非真知，總把謠言當知識，這是絕大多數「散戶」虧本的原因。

「貴出如糞土，賤取如珠玉」，這是范蠡的老師計然說的，用現代語言說就是「低價買入，高價賣出」。范蠡不僅把老師說得完全「複製」下來，且一生經商都把握這個法則，價格和時機完全精準。他對「師說」不光是知道，更知道怎樣做！也在不同場合提到老師計然說得這段話。《史記‧貨殖列傳》計然曰：（註一）

論其有餘不足，則知貴賤。貴上極則反賤，賤下極則反貴。貴出如糞土，賤取如珠玉。

在「索隱」如是詮釋之：「夫物極貴必賤，極賤必貴。貴出如糞土者，既極貴後，恐其必賤，故乘時出之如糞土。賤取如珠玉者，既極賤後，恐其必貴，故乘時取之如珠玉。此所以為貨值也。」

貴極反賤，賤極反貴，成為規律性變動，對貴賤就有了「可預測性」。而關鍵就在「乘時出之」和「乘時取之」，精準把握到「低價買入時機」和「高價賣出時機」，你不致富，尚有何人能致富？

時機的把握要能洞察大「勢」。商場上流行一句話，「三流公司做事，二流公司做市，一流公司做勢。」這是對任何經營者說的，商法和兵法的高明之處，不外借勢、造勢、營勢和謀勢。為什麼現代選舉和商業活動，都一直在「造勢」？只要抓住了「勢」，就可以抓住時機，商機便無處不在了。

范蠡經商很能洞察大勢，所以買賣時機把握得很精準。他說：「從時者，猶救火，追亡人也，蹶而趨之，唯恐弗及」，「得時無怠，時不再來，天予不取，反為之災」。（《國語・越語下》）范蠡乃兵法家兼輕重家，深知戰機和商機，都是稍縱即逝，買入賣出得算好時機。

「貴出如糞土」（高價賣出）。當商品價格漲到一定高度，盡快將手頭商品像糞土一樣，毫不吝惜的拋售出去。（注意高度和時機）

「賤取如珠玉」（低價買入）。當商品價格跌落到一定低點，要向珠玉一樣，盡快收購進來。注意低點和時機，范蠡可以，你也可以。

貳、旱則資舟，水則資車：乾旱備船、水澇備車

「旱則資舟，水則資車」，也是范蠡的老師計然教的，可見范蠡多麼崇拜他老師（老師對他影響多深），老師的言論都成為他的經商名言。計然是經濟學家，范蠡則是實行家，把老師的經濟思想，在經商致富中加以實踐。《史記・貨殖列傳》有一段話。（註二）

> 昔者越王勾踐困於會稽之上，乃用范蠡、計然。計然曰：「知鬥則修備，時用則知物，二者形則萬貨之情可得而觀已。故歲在金，穰；水，毀；木，饑；火，旱。旱則資舟，水則資車，物之理也。

這段話有兩層意義，一者是有備無患的風險管理觀念，二者掌握市場動態，在市場需求發生變化之前備好貨品。但其實這兩個觀念是相通的，在相同系統和思維邏輯範圍內，就看個人智慧如何發揮！

第一層意義是凡事有備無患，風險發生時才能「莊敬自強、處變不驚」，《越絕書》計然（計倪）曰：「人之生無幾，必先憂積蓄以備妖祥。凡人生或老或弱，或彊或怯，不早備生，不能相葬……故聖人早知天地之反，為之預備……」。（註三）顯見計然、范蠡師徒二人有很強烈的「憂患意識」，從人生到國家都要在「事件」發生之前做好一切準備。這種準備和天道（自然環境、市場）有連接關係，所以計然又說：（註四）

> 太陰三歲處金則穰，三歲處水則毀，三歲處木則康，三歲處火則旱。故散有時積，糴有時領（疑作頒。言聚散均有時），則決萬物不過三歲而發矣，以智論之，以決斷之，以道佐之。斷長續短，一歲再倍，其次一倍，其次而反。水則資車，旱則資舟。

引文中的穰是豐收，毀、饑、康（同穅）都是荒年或歉收，太陰是歲星的化身。全文意指，天道有一定的循環規律，時好時壞，平時就要做好準備。故須在有水患的季節備好車輛，乾旱的季節備好舟船。

「旱則資舟，水則資車」第二層意義，是范蠡對老師所教實際運用於商務財經管理，范蠡經商強調在市場需求發生變化之前備好貨物，要讓貨等客，不要讓客等貨，才能滿足市場需求。故乾旱時備好船，水澇時備好車。

直覺似乎違背常理，乾旱不是要備車嗎？水澇也該備船才對！車都已備好了，船會不備嗎？再者，水患季節大家搶做有關船的生意，利潤必定很低；而車的生意此時是淡季，可乘機囤積有關車的貨物，水患過後，車立刻成為特別需求，價格必然上漲。這時，將水患之年備好的車，「貴出如糞土」般拋售，可快速獲取巨利。

參、候時轉物，逐什一之利：預測天時，提前囤積

「候時轉物」之「時」字在《史記》可有二解。在〈貨殖列傳〉第六十九，「朱公以為陶天下之中，諸侯四通，貨物所交易也。乃治產積居，與時逐而不責於人。」（註五）這裡的「時」，是謂己身處有錢可賺得陶地，就要隨時用心思考逐利之事。而所謂「逐什一之利」，只賺十分之一利潤是范蠡一貫的主張。

「時」字另一解，是按天時、天象的規律性預測之，把握時機進行買賣。〈越王勾踐世家〉第十一，「復約要父子耕蓄，廢居，候時轉物，逐什一之利，居無何，則致貲累巨萬。天下稱陶朱公。」（註六）預測天時，提前囤積，進行倒賣，賺十分之一利潤。這說來也是簡單，但若沒有相當專業知識加上正確判斷，也是斷然難以大大

有賺，否則豈不「企業家滿街走」？

在二千多年前，東西方社會演進階段都尚處純農業社會，商人經營的商品主要都和農業有關，故農業收成對市場供需和價格，必然會產生重大影響。而那時的農業，根本上是「靠天吃飯」的狀況，有天時、天象知識的人，就如今天的股市內幕一樣，可以操縱市場，無往不利。

《史記》、《越絕書》都記載，計然和范蠡都是當時的「天象專家」，如《史記》貨殖列傳計然曰：「六歲穰，六歲旱，十二歲一大饑。」《越絕書》亦說：「天下六歲一穰，六歲一康（同糠），凡十二歲一大饑。」生意人懂了這個天象規律，就方便「候時轉物」，獲取利潤。

肆、人取我予，人予我取：人要我給，人給我拿

「人取我予，人予我取」，意即「人需要的我給，人給我的我拿」，這句話語意很廣，到底要怎樣才給？怎樣的拿？可謂非常的唯心，很「萬法唯心」，卻也不難領悟，

那場生絲價格戰正是典型的「人取我予、我予人取」操作模式。

需要注意的是，「人取我予、人予我取」，是儒商子貢拜訪范蠡所言之經商經驗，范蠡說和自己所思不謀而合，所以也成為范蠡的經商致富大法之一。可見范蠡學習力很強，能吸收各家所長，內化成自己的法則，並在實際商務中加以實踐運用。

伍、務完物、無息幣：品質保證和資金如水流通

《史記》貨殖列傳提到，范蠡「務完物、無息幣」。「務完物」就是品質保證，「無息幣」是沒有停滯不動的資金，「務完物、無息幣……財幣欲其行如流水。」（註七）錢不能放著不動，要像流水般流通週轉。擴大解釋包含一切貨品，不要一直庫存著，要能如流水般出貨，使庫存時間縮短。

現代學者陳飛龍解釋「無息幣」，說「幣」同「弊」，按弊病、缺失解，意思應也相通，資金沒有停滯的弊病。（註八）貨幣和商品也就通了。

研究范蠡一生經商買賣模式，發現他重視貨物品質，「以物相貿易，腐敗而食之

貨勿留」；對貨金流轉也看得十分透徹，十萬錢不動過十歲仍十萬，加快轉動則利百萬矣，范蠡能，你也可以。

陸、微利是圖，無敢居貴：薄利多銷，擴大市場

到底「微利商品」還是「高利商品」好賺？或哪一種好經營？哪一種容易獲利？這可能是沒有定論的，因為涉及太多因素，而且每個時代，每個社會形態，必然都不一樣。以現代社會為例，有很多高價位產品也是流行全球，這種「市場切割、區隔」，只對萬分之一富人做生意，總人口的百分之九十五不是行銷對象。

另有一種「低價策略」，針對總人口的絕大多數人行銷，如現在的「中國製」產品，不僅行銷全球，甚至「佔領」全球市場。低價策略最大效果就是擴大市場，這當然和資本主義社會推行的結果造成「M型社會」，中產階級消失，全球各種社會形態都貧富懸殊，財富集中在少數富豪，絕大多數成了窮人，當然就用低價產品。

范蠡經商，不僅主張低價，也主張微利，只賺十分之一利潤。范蠡認為，低價和

微利雖然單一產品賺得少，但更有利於擴大市場，當市場大到一定規模，銷量大積累利潤就很大，三致千金證明他的致富法則是對的。

柒、多元相濟，綜合經營：現代百貨企業集團始祖

范蠡經商做任何買賣，從未執著於單一商品，在「鴟夷子皮」時期，眾所皆知他主要經營鹽業，也跨足南北貨山海產。到「陶朱公」時期就更多了，畜牧、養魚、房地產、車船業等。多元相濟，綜合經營是他始終保持的特色，他真是現代百貨企業集團之始祖。

他似乎也像個「就業輔導中心主任」，或「技術研發轉移執行長」。因為他只要知道何種方法可以賺錢，他不會把該種方法（技術）列為「商業機密」，絕不藏私，有錢大家賺是他的理念。各項研究資料顯示，他把自己的「賺錢術」轉移給要創業的人，幫助別人致富。

魯國有個叫猗頓的漢子，家境非常窮困，他極思各種「脫貧」辦法，先學人家從

種地開始，因知識不足，所種各種農作都沒有好收成。越種越窮，收成很差，弄到連買種苗的本錢也拿不出來。他發現有人種桑好賺，只好借點小錢改種桑，努力了好幾年，苦幹實幹，結果桑都營養不良，不僅沒有收成更欠了不少債。走投無路了，找上陶朱公，求教經商致富之道。《史記・貨殖列傳》關於「猗頓用盬鹽起」，「集解」有孔叢子曰：（註九）

> 猗頓，魯之窮士也。耕則常飢，桑則常寒。聞朱公富，往而問術焉。朱公告之曰：「子欲速富，當畜五牸。」於是乃適西河，大畜牛羊于猗氏之南，十年之閒其息不可計，貲擬王公，馳名天下。以興富於猗氏，故名猗頓。

范蠡開了「職業訓練所」，不僅因材施教，也因年齡施教，猗頓找上門時年齡不小了，所以范蠡才說「子欲速富」，你要快速致富，你快沒時間了。「當畜五牸」，牸（音子，雌性牲畜），多養各種母的畜類，好大量繁殖，其成長期短，可以很快送到市場買賣，獲利多又快。

於是范蠡提供他各種畜，教他各種飼養方法注意事項等，猗頓就在「西河」這地方大畜牛羊等。十年之間，富比王公，馳名天下，成為陶朱公第二。猗頓不僅學到范蠡的經商大法，後也成為道商二祖。

今河北省蠡縣，自春秋戰國以來，皮毛加工業興盛。當地民間流傳說，當年范蠡在此開過皮毛加工商號，為紀念他稱「蠡縣」。范蠡經營項目中有養魚、畜類、牛羊等，其下游產業皮毛加工是順理成章的事。范蠡當年用牛皮加工，製成小鴟夷、大鴟夷，存裝液體（主要酒或水），還加工作成箭囊、盔甲等軍需品，當時各國行「富國強兵」之策，擴張軍備，這種產品需求量很大。各項資料也顯示，范蠡集團也製造軍需用品，成為當時重要的軍品供應商。

山東省肥城范蠡研究會，考察陶山、定陶地區的地名，有衡魚、小店、張店、旅店、王瓜店、山陽鋪、董家鋪、十里鋪、錢莊、興隆莊、紙坊、郭家油坊等盛況。也可以推測范蠡當年是通過開發房地產，吸引各方商人來租賃、購買，在此經營生意安身立命，形成一個「經濟特區」，城鎮歷史淵源流長。

從古到今，都有人在研究范蠡經商秘訣，希望能發現或理解他的「致富大法」，為什麼他做什麼都發？賣什麼都賺！換自己上台操作，卻做什麼都賠，賣什麼都虧！為什麼？問天問地問神都難以脫困，只好去跳太平洋。

有一八十老翁，深感來日無多，一生渾渾噩噩，未曾識得「真理」何在？正好碰到一位高僧，問道：「怎樣行佛？」高僧回答：「諸惡莫作，眾善奉行」。

老翁直接的反應說：「這麼簡單，八歲童子也知道。」

高僧說：「八歲童子知道，八十老翁行不了！」

我們「普通人」都犯了「知道病」，人家說什麼你都「知道」，其實你的知道只是一陣耳邊風。或也並非真知、深知，知一些皮毛吧！距離「行」十萬九千里。勸那些人家說什麼你都說「知道」的人，少說知道，知道何用？能行才有用！行之有果更好。

本文研究范蠡的「致富大法」，都是古今商人所知簡單的法則，希望讀者們，尤其經商想致富的朋友們，千萬不要止於「知道」：（一）低價買入、高價賣出；（二）凡事準備、有備無患；（三）預測天時，提前囤貨；（四）人要我給、人給我拿；（五）品質保證、資金流轉；（六）薄利多銷、擴大市場；（七）多元相濟、綜合經營。

我相信，不僅古代范蠡、猗頓用這些法則致富，就是今天馬雲、郭台銘、比爾蓋茲等，他們的經營法則也不外這些。方法就是這麼簡單，他們為什麼行？不行的人又為什麼不行？

註釋

一　漢・司馬遷，《史記》（臺北：宏業書局，民國七十九年十月十五日），頁三二五六。

二　同註一。

三　漢・袁康、吳平，《越絕書》（臺北：世界書局，民國五十一年十一月），頁六七—六九。

四　同註三。

五　同註一，頁三二五七。

六　同註一，頁一七五二。

七　同註一。

八　陳飛龍，〈計然其人其事及其思想〉，《人文學報》，頁二一一。其他出版資料不詳。

九　同註一，頁三二五九。

第七章 《致富奇書》和《養魚經》

——陶朱公賣書

范蠡的思想、行誼和成就，可謂集先秦各家之大成。基本上，以道家為體，法家、儒家、兵家、輕重家（商人）、陰陽家為用，他是中國歷史唯一被封「雙聖位」（商聖、聖臣）的人。理應有很多著作傳世，可惜至今只能在《史記》、《越絕書》等古籍，看到極少而零星的對話（大多只是格言、語錄）。《漢書藝文志》記載有范蠡兵法兩篇，內容也早已失傳，在先秦兵法家中，他與孫子、吳起、孫臏並稱齊名，同被尊為「正宗兵法家」。他的兵學著作未能留存至今，甚為遺憾！

做為中國歷史上著名的商聖、財神，他在商務財經方面又有哪些著作？比較可靠的是，他確實寫過《致富奇書》和《養魚經》。（註一）可惜大多失傳，《致富奇書》只剩題綱〈理財致富十二戒〉。

勿鄙陋，勿虛華，勿優柔，勿強辯，勿懶惰，勿固執，勿輕出，勿貪賒，勿爭趣，勿薄蓄，勿昧時，勿癡貨。

這樣的「格言」，只能心領神會，智者才能有所悟，故難以學習。而《養魚經》雖然只剩「傳抄本」留傳下來，大部內容已經失傳，至少行文字句明確，讓讀者清楚明白，易於學習。本章先略說《養魚經》。

壹、《養魚經》的內容與流傳

現代所知的《養魚經》，並非范蠡時代所「出版」的竹簡刻本，而是漢代的「傳抄本」。漢代至今二千多年，判斷每隔二百年會有「再抄本」傳世，經多次傳抄必有魯魚亥豕之誤。農書《齊民要術》所引《養魚經》，也是來自「傳抄本」。

《養魚經》的行文是「威王和朱公」對話形式寫成。但范蠡生活時代的諸侯國沒有叫「威王」的，直到范蠡死後近百年，孫臏時代的齊國有「齊威王」，楚國有個「楚威王」。而范蠡在「鴟夷子皮」和「陶朱公」時期，齊國當政者是齊平公、齊宣公，稱「公」不稱「王」。所以文中「威王」也是誤抄，姑且照錄，《齊民要術》收錄的《養魚經》全文如下：（註二）

威王曰：「聞公在湖為漁父，在齊為鴟夷子皮，在西戎為赤精子，在越為范蠡，有之乎？」朱公曰：「有之。」王曰：「公任足千萬家，累億金，何術？」朱公曰：「夫治生之法有五，水畜第一。水畜，所謂魚池也。以六畝地為池，池中有九洲。求懷子鯉魚長三尺者二十頭，牡鯉魚長三尺者四頭，以二月上庚日內池中令水無聲，魚必生。至四月內一神守，六月內二神守，八月內三神守。神守者，鱉也。所以內鱉者，魚滿三百六十，則蛟龍為之長，而將魚飛去，內鱉則魚不復去。在池中周繞九洲無窮，自謂江湖也。至來年二月，得鯉魚長一尺者一萬五千枚，三尺者四萬五千枚，二尺者萬枚。枚值五十，得錢一百二十五萬。至明年得長一尺者十萬枚，長二尺者五萬枚，長三尺者五萬枚，長四尺者四萬枚。留長二尺者二千枚作種，所餘者取錢，五百二十五萬錢。候至明年，不可勝計也。

王乃於後苑治地，一年得錢三十餘萬。池中九洲八谷，又谷中立水六尺。所以養鯉者，鯉不相食，易長又貴也。又作魚池法，三尺大，非近江湖，倉促難求。若養小魚，積年不大。欲令生大魚法，要須截取藪澤陂湖饒大魚處，近水際土沙十數載，以布池底。二年之內，即生大魚。蓋由土中先有大魚子，得水即生也。

《養魚經》篇幅不長（原作應更多），內容則甚為豐富，所要注意的是，幾千年來，長度、重量、面積和金錢在計量有很大變化。例如，尺、畝、錢（幾錢）等，在每個時代有差異，此應不影響對內容的理解。

范蠡並非突然成為養魚專家，是在越國時，他就有「養魚富國」之策。「畜魚三千畝，其利可致千萬，越國當盈。」（註三）可見范蠡很早具備養魚專業知識，《養魚經》成為我國史上第一本系統講解的養魚科普教材。

貳、《養魚經》內容說些什麼？

記錄著幾千年人類文明文化之典籍，古今以來何止幾億種！能稱「經」級聖典極少。例如，《可蘭經》、《聖經》、《心經》等各部佛經、吾國歷史之四書五經或十三經等，都是不朽之經典。

養魚之書能成「經」，已顯示這部書並非「凡物」，必定有它神奇的地方，尤其它出現在二千五百年前，一位企業家兼兵法家的道商始祖之手。內容說了什麼？

一、**范蠡是當時的世界首富**。王曰：「聞公在湖為漁父，在齊為鴟夷子皮，在西戎為赤精子，在越為范蠡，有之乎？」朱公曰：「有之。」王曰：「公任足千萬家，累億金，何術？」

這段話指出范蠡去過不少地方，用過不少「化名」，低調、隱密的道家性格。「累億金」證明他的財富在當時曾達「億金」，在現代或許不算什麼！世界富人排不上榜。但那時的億金可能值現代的幾兆美金或人民幣，必然是世界首富，在當時應也是。

二、**透露了發家致富最好的行業**。「治生之法有五，水畜第一」，致富行業（當時）

有五，其中淡水養殖排在第一位。這對我們研究古代經濟、物價水平、生產模式等，提供一個全新的途徑。

三、**養殖設施、技巧（方法）、過程和經驗**。《養魚經》清楚記載，先修築人工池塘，營造水陸結合的自然生態環境。這種思想和做法，和現代的生態養殖重視自然生態，減少人工和破壞理念是一致的。

以六畝大的池塘為單位，中間保留九塊小陸地，注入水源後成水中九個小島。放入懷子的三尺長雌鯉魚二十尾。三尺長雄鯉魚四尾。

整個二月的上旬，池塘水中都要保持安靜，方便雌鯉魚排卵、雄鯉魚排精，生成小魚。到四月、六月、八月，在池塘放入老鱉，老鱉會吃掉死去的魚，可以保持水的乾淨，維持鯉魚身體健康。再者，老鱉和鯉魚可以和諧相處，水中魚鱉和小島，也形成一個自然美麗的景觀。

四、經濟價值高是致富的法寶。當時鯉魚「枚值五十」，所以一年靠養魚就獲利一百二十五萬錢，留下二千尾種魚繁殖，再一年又得五百二十五萬錢，再往後規模更大，獲利也就更多。難怪他說快速致富的各種辦法中，養魚排名第一，那位「威王」照范蠡方法做，一年獲利就有三十多萬錢。

可見范蠡確是在水產養殖，有了巨大的成就和收益，且對當時的經濟發展和就業等，有著極大的貢獻。對於我國春秋戰國的物價水準，可以從《養魚經》得到一些理解，我國文明發展在當時多麼先進！

五、范蠡提倡養鯉魚的原因。有學者研究，范蠡的養魚模式，首創產業規模化與民俗吉祥文化的結合，開始了中國最早的文化創意產業。（註四）（一）魚是「活」的象徵，吃魚可以「聰明靈活」；（二）魚懷卵多，繁殖力高，象徵「多子多孫、人丁興旺」；（三）「鯉」典「蠡」、「利」諧音，「魚」和「餘」同音，中國人每年春節餐桌上都「年年有魚」，表示年年有「餘」。

當然，就一個商人而言，經濟效益和利潤是最大考量。鯉魚不會相互殘殺，存活率高，容易生長，價錢也比一般魚好。

《養魚經》特別講解如何獲得「三尺大鯉」做魚種。對魚池位址開挖的選擇、魚池面積和構造、魚種獲得和規格、雌雄比例搭配、放養時間管控、環境清潔等，都有系統性論述。實為中國文明發展重要文獻，也有深厚的文化意涵。

參、《養魚經》透出的資訊

由於范蠡對鯉魚養殖的推廣，在戰國時代已成一種流行，《養魚經》一書當時成了「暢銷書」（後項述），助長推廣的動力。到了漢朝都仍是地方重要產業，到了唐朝隨著盛唐國際交流，飼養鯉魚技術已傳到倭國、朝鮮、希臘、羅馬等地。可見《養魚經》流傳和影響很廣，對人類文明是有貢獻的。再深入思考，仍可透出重要資訊。

一、**實踐檢驗眞理唯一的辦法，范蠡智慧經過親身經驗實證**。司馬遷說他「苦身戮力」，這是事實，他從在越國當相國、大將軍，到退出政壇經商，很多事都要「現場觀察、事必躬身」。養魚也一樣，他在越國也鼓勵養鯉魚，所以他的養鯉技術、經驗等，是長期從經驗中實踐所得，用心形於文字《養魚經》。「經」者，對人類文明文化有重大貢獻之典籍。

二、**開創人工養殖致富之途徑**。從人類現有中外古代史料看，在范蠡之前，沒有「系統性」的人工養殖鯉魚，也沒有把鯉魚養殖當成一種「產業發展規模」，亦未將人工養殖視為致富途徑。而這些，「范蠡模式」全做到了，他是首創者，二千五百年前首創淡水人工養殖，世界魚類養殖史也是創舉，故世人尊為「漁父」。

三、**《養魚經》是後世淡水養殖指導要綱**。一九六五年，陝西漢中東漢古墓出土，墓主有生前財富象徵的隨葬品，「陂池模型」，池底塑有六尾鯉魚和一些別種水中生物。這顯示的養鯉魚方法與范蠡的書一樣，證明到東漢時《養魚經》是淡水養殖指導要綱。

一九九七年三月二十八日，河南南陽（即范蠡老家宛邑）的《南陽日報》，以「南陽發現范蠡《養魚經》確實歷代都在傳佈，不知讓多少人發了財！

《養魚經》在歷史上有幾種書名流傳，《陶朱公養魚經》、《陶朱公養魚法》、《陶朱公養魚方》。書中總結養魚技術，直到二十一世紀仍有參考價值，不得不贊嘆：范蠡的智慧果然超「神」！

肆、陶朱公賣書，一時「中國紙貴」

《致富奇書》和《養魚經》二書，都是「陶朱公時期」寫成，應該都是在陶地區經營有成後，晚年才有時間和心思，總結自己的經商經驗，筆之於書。兩書的完成，致富在前，養魚在後。

范蠡曾說這輩子佩服三個人。孔子刪訂《詩》、《書》、《禮》、《樂》、《春秋》，成為不朽之傳世經典；老子是范蠡楚國老鄉，《道德經》已傳遍中國大地，他自己已是老子信徒；孫武，千古未有之兵學天才，《孫子兵法》十三篇早已風靡各諸國。他們都真正達到立德、立功、立言，成功的人生當如是，范蠡覺得自己也要留下東西，人生才會圓滿。

經商致富是范蠡最大的成就，但商海茫茫，商場如戰場，奧妙無窮，他要把自己的領悟和方法寫出來，讓後世更多人可以致富興家。世人個個都想發財，書名就叫《致富奇書》，一定可以吸引更多人使用。

《致富奇書》終於完成，才公開發表，就在齊魯地區引起轟動，先是「齊魯紙貴」，數月後傳到各國，變成「中國紙貴」。當然，大家知道那時尚未發明紙，所謂「書」，是把文字刻在竹片上，用繩子串連起來，叫「竹簡」。「冊」字就是竹簡書的象形，刻一部《孫子兵法》的竹簡，可以滿滿的裝一馬車。

無論找多少技術工刻竹簡，都來不及客戶需求，老友閭邱亮（就是那位齊西水陸戒嚴司令長官）派工人幫忙刻也仍來不及。一時間成為當時的「暢銷書」，且不斷流傳成了長銷書。他應該也是當時財經類名作家，只可惜經二千多年，現在只剩前面提到的「十二戒」題綱，供人思索。

《養魚經》完成也是一時「中國紙貴」。當時范蠡的好友、孔子高徒也是儒商子貢請益養鯉之道，開始大規模在魯國等地養殖。一個是道商，一個是儒商，發動一場鯉魚養殖運動，也帶動《養魚經》一書的暢銷，可以想見陶朱公領了不少「版稅」。

范蠡提倡養鯉魚，應和文化意涵有關。《詩經》中以黃河的魴、鯉暗喻宋、齊兩地女子，將食鯉和取妻連接，象徵養殖力強，生長快速，家族興旺。

後來在民俗文化中，鯉魚也成了「財神」范蠡的象徵，通過吃鯉養鯉活動，懷念陶朱公教人致富和他的散財精神。到了春節則家家戶戶年年有魚（餘），這成了中國人特有的文化意涵。

陶朱公賣的已非魚，而是文化，是授人以漁，給人愉悅，讓人有餘、致富。

註釋

一 關於范蠡的《致富奇書》和《養漁經》，可見：雷蕾，《千秋商祖—范蠡》（臺北：信實文化行銷有限公司，二〇一一年九月），第七章第四節、第八章第四節。

二 同註一，頁三五八—三五九

三 李海波，《道商范蠡—陶朱公興國富家的人生智慧》（北京：化學工業出版社，二〇一七年元月），頁三二〇。

四 同註三。

第八章　道商范蠡論「道商」

從文字上的概念解讀「道商」一詞，應該就是「道」和「商」的對立統一，乃至是「矛盾統一」。但「矛盾統一」是透過整合或融合過程，產生新的統一體，已非原來的「矛」，亦非原來的「盾」，而「道商」二字合併，存在著體用和限定關係。可見「道商」意涵，已非比尋常，那是幾千年文化文明「濃縮」，而成為一粒「仙丹」，要如何用科學方法分析這粒「仙丹」？

「道」，在中國文化裡，指的就是道家或道教，此二者的區別非本文論述範圍，故不贅言。道商的道指的是道家，更以老子的道家為主，道家兩大思想家老子和莊子合稱「老莊」，老子仍承認政府的功能，主張政府的功能（干涉）要降到最低，類似西方的「小政府主義」，即管的最少的政府是最好的政府。而莊子（約晚范蠡百年），已否定政府的功能和存在價值，屬無政府主義者。但基本上的思想、哲學，老莊都推崇「清靜無為」和「遁世不爭」，這是道家的核心思想。

「商」，在中國傳統文化裡，士農工商並稱，商指的是商人，經由生意買賣獲利是商人經商最重要的目的。其重要性甚至超越了國家、民族，故古來流傳「商人無祖國」之說，又說「商人重利輕別離」，形容商人為獲利，什麼都不要了。這種說法對商人頗多貶意，亦有幾分道裡，商人為謀利，多少須要長袖扇舞搞關係，爾虞我詐，使出手段，陰謀陽謀並舉。若為謀取巨利，可能連親人、朋友乃至自己靈肉，全都出賣了，中外史例可以裝滿幾列高鐵還裝不完。

可見「道」和「商」是兩個衝突的概念，他們的內涵基本上是矛盾的、對立的。但現在吾人將二者合稱「道商」，封范蠡為「道商始祖」，說道和商是一家人，是兩個形同一體的知心朋友。如是，我們便要一本正經的好好談道商、論道商，道商的內涵是什麼？何種商人才能叫「道商」？

壹、關於「商」和「道」

有道的商人，在春秋戰國時代叫「良賈」，所謂「有道」並未限於哪一種道，九流十家均各有其道，儒商子貢之道當然是儒道。不論何道，只要是有良心道德的商人，都叫良賈。

要深入裡解「道商」，首先要從「商人」進入。商人起源於我國第二個朝代，由商族人所建立的「商朝」，商族則是高辛氏的後裔，住在黃河下游，他們的祖先叫「契」。《史記》卷三〈殷本紀〉第三說：（註一）

> 殷契，母曰簡狄，有娀氏之女，為帝嚳次妃。三人行浴，見玄鳥墮其卵，簡狄取吞之，因孕生契。契長而佐禹治水有功。帝舜乃命契曰：「百姓不親，五品不訓，汝為司徒而敬服五教，五教在寬。」封于商，賜姓子氏。契興於唐、虞、大禹之際，功業著於百姓，百姓以平。

商族祖先契，佐大禹治水有功，封在「商」這個地方。「集解」鄭玄曰：「商國在太華之陽。」另「索隱」說，「契始封商，其後裔盤庚遷殷，殷在鄴南，遂為天下號。契是殷家始祖，故言殷契。歷史上也習稱殷商。

這位叫「契」的商族人先祖是怎樣的人呢？除了佐禹治水有功，也是一位傑出的軍事領袖，受封在商地，成為商族人「天命玄鳥、降而生商」的玄王。其六世之後，有位腦子動得快的王亥「立皂牢，服馬車，以為民利」，他用牛車運著貨物，沿黃河北岸到各諸侯國去做買賣，在外族人看來，做買賣的就是「商人」。商族人是最先會做買賣的一群人，商朝衰落後，商族人被周公遷到洛陽，由失去土地無以維生，商人只好做買賣維持生計。

經長久演化，「商人」從族名和地名轉變成職業名稱，做買賣的職業就叫「商業」。商族人由於民族命運所形成的生活經驗，加上他們的民族特質，是一個重視商貿活動的部族，商王朝建立了驛傳制度，大建驛路，方便各種運輸和貨物交流買賣等。「通川古，達陵陸」、「大車以載，利有攸往」，可見商朝已發展出很先進的商業經貿制度，商朝也博得「商葩翼翼，四方之極」的美名。

到周朝，《周禮・天官・大宰》載：「以九職任萬民……六曰商賈，阜通貨賄。」人們把販運貿易的叫「商」，坐售貨物的叫「賈」，即所謂「行曰商，處曰賈者。」，久了就通稱。戰國時有的偏激思想家歧視商人，可能也影響到我國秦漢後的「抑商」政策，對商人形象始終不好。如《韓非子》一書之《五蠹》曰：（註二）

夫明王治國之政，使其商工游食之民少而名卑，以寡趣本務，而趨末作。今世近習之請行，則官爵可買，官爵可買，則商工不卑也矣。姦財貨賈得用於市，則商人不少矣。聚斂倍農，而致尊過耕農戰之士，則耿介之士寡，而高價之民多矣。是故亂國之俗，其學者則稱先王之道，以籍仁義，盛容服而飾辯說，以疑當世之法，而貳人主之心；其言古者為設詐，稱借於外利以成其私，而遺社稷之利；其帶劍者聚徙屬，立節操，以顯其名，而犯五官之禁；其患御者積於私門，盡貨賂，而用重人之謁，退汗馬之勞；其商工之民，修治苦窳之器，聚弗靡之財，蓄積待時，而侔農夫之利。此五者邦之蠹也。

韓非子這段話對商人太傷了，尤其法家在中國文化裡也是重要學派，他的思想自然產生很大影響。韓非子之意，國家施政要使商人越少越好，也不能給商人有好的社會地位，應其「名卑」，地位不能高於農夫和戰士。他稱商人是社會五種「米蟲」之一，我看他才是米蟲。

吾國自秦漢以後，「商」始終未受到重視，乃至輕視、歧視，民間文學對商人都沒有好感。原因雖然很多很複雜，韓非子的「商工米蟲說」應是重要原因之一。現代社會早已擺脫「五蠹」壞名，但「無商不奸、無奸不商」陰影，依然是商人頭上一頂「無形帽」。似乎只要是商人，就戴著這頂「綠色」無形帽。

若能以「道」規範、限定「商」，使「道」成為商人的思想引導，使「道」成為商人頭上的無形帽，那便是「道商」。道商之「道」，主要集中在老子說的清靜、無為、自然、和諧、柔弱、不爭、處卑、善下、重勢、貴德、樂生、創新等觀念上。

「道」之所以可以產生力量，主要有四個「力的泉源」（註三）：（一）「道生一，一生二，二生三，三生萬物」及「「道生之，德蓄之，物形之，勢成之」的萬物生成論；（二）「天下萬物生於有，有生於無」「萬物負陰而抱陽」的陰陽辯證論；（三）「大曰逝，逝曰遠，遠曰反」「反者道之動，弱者道之用」的陰陽轉化論；（四）「沖氣以為和」「知足不辱，知止不殆」「多言數窮，不如守中」的中和節制論。道能生萬物，自然就有無窮力量，以道規範商，商人便因有「道」而偉大，他會企業家兼慈善家，這就是我們現在所說的「道商」。

貳、現當代關於「道商」的提出、定義和內涵

「道商」一詞，近幾年來甚為流行，臺灣「大人物管理顧問公司」還成立了「范蠡商學院」，以道商思想講授商務財經管理。而在大陸則有「道商學院」，舉行道商國際會議，道商研究專書等。筆者研究、觀察，往昔說「道商」者，僅是少數「有道商人」的口說流傳，並未受到商界和學術重視，近幾年來則已成為中國經濟領域裡的「顯學」，應該是和中國的崛起、經濟發展、民族覺醒有密切關係。

這就意涵著道商是有著不同於西方經濟學的經營哲學，是不同於西方商人的理念、思想。正如大陸「國際道商文化研究院」院長李海波先生說，「中國經濟學，不是追逐錢財「損不足而奉有餘」的富人遊戲，而是經世濟民「損有餘以補不足」的偉大情懷。」（註四）這不就是「中國式經濟學」嗎？

一、「道商」提出的背景。筆者一再思索「道商」提出的背景是什麼？發現這和當代中國人終於覺醒有關，我們終於發現（或想起）老祖宗的「寶貝」，我們終於找到自己的路，中國人要走自己的路。

從清末到一九七八年百餘年間，我們在「中體西用」或「全盤西化」的掙扎中，各政黨打得頭破血流，國民黨搞西方民主和資本主義，共產黨搞馬列民主和共產主義，二者皆非中國人民所能適用。因為是「非中國」的，西方民主政治（資本主義）在中國行不通，而馬恩史列也是「非中國」，同樣行不通。

直到大政治家鄧小平提出「中國式社會主義」，在這個思想總綱下，進行改革開放，中國人才算找到自己的路。（註五）經三十餘年努力，我們發展出「中國式民主政治」。（註六）當然就有了中國人的經濟學，中國商人的經商模式自然和西方商人不同。從一九七八年開始後的二十餘年間，中國的商人仍是處於實驗和探索，直到近幾年（北京奧運後）「道商」的提出，正式在學術界成為論壇的主角，代表中國商人走出了自己的路。

二、**「道商」的提出與定義**。當「道商」一詞逐漸成為商界和學術界的流行議題，必然各有一說或質疑，議題經過大家論說，須要有一個「最大公約數」。即有個大家有共識的界定，二〇〇九年由中國經濟出版社出版的《道商》一書，首先對「道商」二字，提出如下定義。（註七）

道商就是秉承「道」的思想與精神，運用「道」的規律與力量去經商創業，實現人生大成的智慧商人。

這個簡單的定義蘊涵著深厚的思想和文化。道商必須遵守（內化的行動準則）「道」的規律，指導商業經營的成功，自己又要從實踐中檢證這種「道」的商業智慧，再通過商場上的「自我實現」，實現「道通萬物、道生萬物」的理想。這是一種思想型和實踐型合一的商人，這種高度的商人，對於「道」和「商」的認識是：（註八）

> 夫道者，開天地之造化，定生殺之綱紀，亦盛衰之軌轍，正損益之法度，窮性命之源元，運本末之妙用，啟仙聖之堂奧，通天人之神機。上通無極，下達幽冥，遠及十方，近觀分寸，尊以度君，卑以立身，紅顏皓首，雅士俗人，道通天下，無物不存。
>
> 夫商者，乃國之基，民之本也。眾人熙熙，皆為利來，眾人攘攘，皆為利往，利之所在，猶道之所處也！太上有言：「聖人無常心，以百姓心為心。」眾人皆趨利，聖人獨讓利，眾人皆好利，聖人樂施利。故聖人之治也，明之以道，

示之以德、誘之以善，共之以利。共利者，利天下之利也！此豈非愚人之心哉！

如是認識「道」和「商」，那就更清楚了。「道」通天下，無物不存（當然包含致富）；「商」者共利，利天下之利。則：

道商的理念：以道經商，以商顯道，道商合一，富民強國。

道商的使命：以道啟心，以心啟智，以智啟財，以財啟眾，眾皆歸道。

二〇一五年五月，中國商界和學術界對「道商」探究已然有了成熟的果，應提出向國際宣告，中國不同於西方資本主義型企業家，那就是中國式企業家「道商」，中華文化土壤產出的本土型企業家、商人。

五月，國際道商文化研究院在「上海首屆道商產業發展論壇」上，發佈「道商」一詞的國際通行英文名詞—「Daosun」。該詞由「dao」和「sun」兩部分組成，dao 代表以老子《道德經》為主的思想體系，sun 意為太陽、陽光、中心人物。在漢語讀音 Sun 為「孫」，寓意為道的子孫、龍的傳人，道學文化的傳承和創新者，未來中國商界的靈魂人物。

參、道商視野：范蠡的守「中」觀

回顧范蠡一生行誼，他的第一遷從楚到越，權衡的是當時的國際情勢，創立霸業，非吳即越；惟吳國乃自己國家（楚國）之仇邦，入吳很可能造成「反攻祖國」之痛，且當時楚國有「聯越制吳」之外交戰略，楚越交好。故，范蠡和文種奔越，為最佳選擇方案。

范蠡第二遷選擇齊國，以當時各國商業環境和政策是齊國最佳。當齊王叫他當宰相，他警覺「不祥」，開始進行三遷計畫，《史記》上說：「乃歸相印，盡散其財，以分與知友鄉黨，而懷其重寶，閒行以去，止於陶，以為此天下之中，交易有無之路通，為生可以致富矣。」（註九）這天下之中的陶地，東鄰齊魯，西接秦鄭，北通晉燕，南連楚越。果然在陶地區「復約要父子耕畜，廢居，候時轉物，逐什一之利。居無何，則致貲累巨萬。天下稱陶朱公。」最後太史公在《史記》為范蠡總結讚曰：（註十）

> 故范蠡三遷，成名於天下，非苟去而已，所止必成名。卒老死於陶，故世傳曰陶朱公……范蠡三遷皆有榮名，名垂後世。臣主若此，欲毋顯得乎！

研究他的三遷過程，發現他總能在天時、地利、人和的「天、地、人」之中，找到一個適「中」的平衡點。取財於天下之中，亦取益於天下之中，此正合中國聖人的「中道」觀，孔子有「中庸」論，老子有「守中」說，身為老子信徒的范蠡，太清楚這個道理。陽盡陰生，陰盡陽生，形極必變，物極必反，但一切變異必從「中」而過，范蠡的道商視野，看出「中道」的五種致富智慧。

(一)**致「中和」**。范蠡不貪天下之財，且願意當一個「散財老者」，以「共富」理念，讓「鴟夷子皮」和「陶朱公」成為交易平台。正是中國生意人常說的，「和氣生財、以和為貴」，更使自己散發溫馨的「道」，和諧各方關係，吸引財源滾滾來。

(二)**守「中正」**。范蠡發明「秤」，為制定公平公正的交易法則，養成商人中正無欺的行業標準，什一之利，自居其薄，厚利讓于別人。他深受「天之道，利而不害」的道學教誨。

(三)**要「中虛」**。范蠡秉承「江海之所以為百谷王者，以其善下之」的修行，時刻保持在「虛中」狀態，以虛懷若谷的心態，不爭天下而有天下。他和勾踐在吳國當了三年「越奴」，在夫差面前把自己演繹成一個「無用的豬頭、廢物」，終成霸業。他從商更發揮「良賈深藏若虛」智慧（類似現代商業「顧客永遠是對」的信條），胸懷中虛、低調，「使財帛如流水」，在他的「谷底」匯聚，這不發財都很難。

(四)**用「中通」**。范蠡善於用「中」通達各種關係，化干戈為玉帛，化對手為朋友，化競爭為競合。因此，他能讓利、共利、散利，用自己的技術經驗和人脈，幫助別人也致富。窮漢猗頓即是史例，後來猗頓成為「道商二祖」。富起來的人紛紛發揮品牌傳播作用，頌揚陶朱公的美名，天下皆稱道。

(五)**位「中立」**。范蠡一直提倡「知鬥則修備」，《史紀．天官書》曰：「鬥為帝車，運于中央，臨制四方」。這種立於中央位置的「中立」哲學，范蠡了然於心，也始終「依道奉行」。如何使身體生命和事業恆久處於天下？范蠡用了老子的「不死藥方」，「是故甚愛必大費，多藏必厚亡。知足不辱，知止不殆，可以長久。」把握位居「中立」，才能無災無難。

二〇〇八年六月二十七日，全球首富比爾蓋茲將自己名下五百八十億美元，捐給梅林達蓋茲基金會。惟世人不知，早在二千五百年前，中國出現一位陶朱公范蠡的商人，他深受道家思想教誨，以道經商，以商顯道。「十九年中三致千金，再分散與貧交疏昆弟」，在世界商業史上創下十九年中，連續三次裸捐的最高紀錄。

肆、道商五寶，成為「陶朱世家」的五項認證

在中國幾千年來的商界裡，流傳著一種「潛規則」，凡是擁有「道商五寶」的大成商人，就是「陶朱世家」。陶朱公在經商貿易上的道商思想，在歷史上被商界久久奉行，成為中華民族世代相傳的一種美德。而這種商人所持的經濟觀，也成為有民族特色的經濟思想，不同於西方資本主義侵奪型經濟思想，此實為人類思想之寶。

只是中國人有「為善不欲人知」的習慣，加上道家思想的「隱」性特質，「良賈」不論做了多少慈善工作，也都不會透過任何傳播方式去大力宣傳自己的樂善好施。如是，中國商人不為也，他們並不刻意追求名利，更不競爭什麼「世界排行榜」。

中國良賈（商人）在默默之「道商」大道理，以道經商，以商顯道，散財濟貧。

他們心懷「道商五寶」，是以《史紀》言：「故言富者，皆稱陶朱。」他們不說不爭不傳不宣，而擁「陶朱世家」五項認證（註十一）

㈠**富貴魚：授人以漁，授人以愉**。（另詳見「致富奇書和養魚經」章）。中國商人常言，「給他魚吃，不如教他釣魚」，這是中國政治思想裡「濟弱扶傾」的延伸，對於貧弱者除了一時的救濟外，進而幫助他創業，找到「釣魚」（謀生方法），甚至可以致富，道商二祖猗頓就是范蠡「扶」起來的。故吾國民間以鯉魚象徵財神范蠡，凡為道商者知「富貴魚」深意。非售魚也，授以文化，授人以漁，授人以愉，授之顯道。

㈡**玉如意：萬世如意，不求自來**。「如意」乃范蠡所發明，又叫「握君」、「執友」、「談柄」，一般由玉、木等制成，似北斗七星狀。道家認為「如意，心之表也。」如意除代表北斗天心，也象徵人心。范蠡以如意啟示商人，不可有自私、貪婪、負義、愚蠢之心，如是即「非如意」。給人不如意，關係斷光光，生意跑光光，想致富就成空話，永遠不可能實現的幻想。給人如意，才能萬事如意，乃道商之「德」，自然「我不求財而財自來」。

㈢**天星秤：道商標準，道商規範**。計量的「秤」亦范蠡所發明，據聞在此之前大家只用視覺計量，難以做到公平，沒有標準也是爭議多。范蠡乃設計「一斤十六兩秤」，以南斗六星、北斗七星，加福、祿、壽三星，共取其十六兩為一斤。警示商人，為商之道，光明正大，公平交易，誠實守信；否則，少一兩無福，短二兩少祿，缺三兩折壽。是故，天星秤乃道商規範，規範著天下商人的道德良心。

(四)**聚寶盆：琉璃重寶，傳家有道**。在中國民間有關財富的傳說，范蠡所造的「聚寶盆」也令人著迷。《史記》記載，范蠡結束「鴟夷子皮」商號營業時，「盡散其財，以分與知友鄉黨，而懷其重寶，閒行以去……」（註十二）此「重寶」，或許正是琉璃聚寶盆，他的意義在於成為傳家有道。

(五)**財神籙：印天之兆，無往不利**。「籙」乃天地圖籙之一種，所謂「天地圖籙」，圖和籙，是傳說中，上天授予聖人或帝王的神秘圖像或文字，象徵天命所歸，如伏羲氏獲天授河圖而演成八卦，大禹得洛書治水成功並劃分九州。范蠡是否獲得天授圖籙？按《越絕書》中文種對勾踐說：「王得范子所言，故天地之符應邦，以藏聖人之心矣。」可證實范蠡確是擁有一套神祕的「天地圖籙」。這也可以解釋勾踐對范蠡的恐懼，以及范蠡必須離開越國的原因。

范蠡一定是參透了「天地圖籙」的奧妙，可集權勢、財富、智慧、美人於一身，他的人生才如此瀟灑自如。他不貪而功自高，不求而財自來，想做什麼就能成就什麼！

放眼全球全人類全部文明文化發展史，還只有他一人獲封「雙聖位」（商聖、聖臣）。再放眼未來千年，「千載而下，孰可比倫？」（秦相李斯在陶山幽栖祠的發問）。

小結：道商者，商之大也！道為神，商為形；道為體，商為用

中國歷史從孔孟到民國，或者應該從東周開始，將近三千年的漫長光陰裡，可以說代代都有「義」與「利」之辯，光是義利之辯的文章，可以裝滿幾個列車。若能辯出結論成為民族發展政策也好，從來也沒個「恆久性的結果」，僅將言利謀利者全打入「小人國」。這真是不光一個朝代政府人民的損失，更是中華民族的巨大損失。當此中國之崛起，中國經濟發展模式成為世界經濟之特色，乃至「全球中國化」，中國式經濟擴大成為世界經濟體系之主流。那時，道商也將隨著「全球中國化」而世界化，全球之「良賈」基本認識是：（註13）

大商若水，聖商若樸，富商若虛，道商若無。道商之利，乃天下之大利也；俗商之利，乃一己之私利也。後世學者，不識天下大利而恥言之，故言利者悉歸于小人。以小人而謀利，則損不足以奉有餘，終成天下國家之患也；以君子而

謀利，則損有餘以補不足，實乃乾坤九域之福禎也。故謀利者當如君子，君子者貴為道商。道商之利，甘食美福，安俗樂業，上富其國，下富其家，利而不害，為而不爭也。

道商者，商之大也！道為神，商為形；道為體，商為用。以道啟心，以心啟智，以智啟財，以財啟眾，眾皆歸道。使天下之眾趨道若趨利者，非道商而孰能担之？故中國道商曰：治國之道，必先富民。民富則國強，民安則國泰，民裕則國福，民利則國興。強之在國，富之在民，神而化之，傳之無窮，道商合一，利物益生矣！

目前世界上有兩大經濟體系，其一是掌控地球百餘年以英美為首的西方民主政治社會，他們的核心思想和價值是資本主義。可以這麼說，民主政治和資本主義乃一體兩面物，同一個東西，同班人馬兩個招牌，這種制度對人類的危害，二十世紀末到廿一世紀以來，越來越明顯，越來越可怕。從「九一一」、伊拉克、阿富汗、敘利亞、歐洲難民……無一不是假民主之名引起的災難。西方民主政治和資本主義發展到最後，全球財富的兩極化還不算最大災難，加速「地球第六次大滅絕」，才更可怕！二〇〇九年，美國學者 **Jaseph Heath** 的一本書《髒錢》，指出資本主義體制下所賺的錢，絕大多數是不義之「髒錢」。（註十四）這等於給資本主義判死刑。

另一套經濟體系，是「中國式社會主義」總綱下，已經實踐成熟的「國家資本主義」，受中華文化深刻規範的經濟制度，道商只是特色之一，其他如儒商、徽商、都是不同於西方的經商文化。

道商未來在神州大地，乃至全球，必能大放異彩。挽救全球財富兩極化，減速「地球第六次大滅絕」，靠道商了！如司馬遷在《史記・太史公自序》曰：「道家以虛無為本，以因循為用。無成勢，無常形，故能窮萬物之情。不為物先，不為物後，故能為萬物主。」（註十五）道商合一，利物益生，民富則國強，民安則國泰，民裕則國福，民利則國興，國家民族強盛、永恆不衰之道也。

註釋

一　漢・司馬遷，《史記》（臺北：宏業書局，民國七十九年十月十五），頁九一。

二　《韓非子讀本》（臺北：大方出版社，民國六十四年元月），頁一〇〇。

三　李海波，《道商智慧：中國式經營的思想精髓》（北京：化學工業出版社，二〇一六年九月），

第一章，第六節。

四　同註三，頁三六一。

五　一九七八年三月，鄧小平在一個會議中提出「走出一條中國式的現代化道路」。至一九八二年九月，中共召開「十二大」，他在開幕致詞說，總結長期歷史經驗，「走自己的道路，建設有中國特色的社會主義」。這是「中國式社會主義」路線的來源，沒有這個源頭，就沒有今日富強繁榮的中國，更不會有世界第一經濟體的中國。

六　陳福成，《找尋理想國：中國式民主政治的研究要綱》（臺北：文史哲出版社，二〇一一年二月）。

七　同註三，頁二二四。

八　〈中國道商賦〉，同註三，附錄。

九　同註一，頁一七五二。

十　同註一，頁一七五五—一七五六。

十一　同註三，頁三二〇—三二七。

十二　同註一，頁一七五二。

十三　同註八。

十四　**Jaseph Heath**，《髒錢》，二〇〇九年，臺灣信財出版社有譯本。

十五　同註一，頁三二九二。

第九章　上德道商的七項形象守則

有道德之士顯露於外者，都是一種自然合乎大道的德行。而上德道商所體現，通常虛懷若谷，虛心可容宇宙萬物，是因為他們把握了宇宙間根本不變之「道」，從這「道」的總體能源，看見商機、商業、商德。

「孔德之容，惟道是從」（《老子》二十一章），道商在為人處事、經商交流，表現於外的「形」和「容」，是怎樣的氣質舉止？《老子》第十五章，老子為道商提出七項「形象守則」。（註一）

古之善為士者，微妙玄道，深不可測。夫唯不可識，故強為之容。豫兮若冬涉川，猶兮若畏四鄰，儼兮其若客，渙兮若冰之將釋，敦兮其若樸，曠兮其若谷，混兮其若濁。孰能濁以靜之徐清？孰能安以久動之徐生？保此道者不欲盈，夫唯不盈，故能敝而不成。

幾千年來的流傳，《老子》已有多種版本，如竹簡本、帛書本、漢簡本、河上公本等，應有六種以上版本，各版本小有差異。如「古之善為士者」，句中「士」有的版本用「道」字；「敝而不成」，有作「斃而不成」等。凡此，留給考證學家去研究，本文僅針對老子提出的道商七項形象守則略述之。（註二）

㈠**豫兮，若冬涉川**。豫者同預，事先之戒慎而有準備，即孔子說：「凡事預則立，不預則廢」。有道之人，凡接人處事，都是恭敬細心，從不隨便妄行，如冬天過河，步步小心謹慎，管控風險。

「豫兮，若冬涉川」，是身為道商經常保持的心態，商場如戰場。成功的企業家亦如是，做人做事都不草率，凡事誠心誠意有準備，「如臨深淵，如履薄冰」，就怕大意失荊州。

㈡**猶兮，若畏四鄰**。猶是戒懼警覺之意。道商也是一種生意人，要面對三教九流做買賣，「人心險於山川，難于知天」，在利益競爭中，風險無所不在。所以，隨時要戒慎恐懼，如四週有強敵要入侵，這和比爾蓋茲說「微軟離破產只有一八〇天」，意思是一樣的。商場危機無所不在，道新惟危，知危則安。

㈢**儼兮，其若客**。儼是儼然、莊重、恭敬之意。有道之士行為舉止恭敬，常似在人家做客一樣，自己莊敬，也是尊重別人。另一用意，是沒有主人高高在上的姿態，隨時都低調有禮，甘做人世客人。

㈣**渙兮，若冰之將釋**。渙是渙發、融解之意。言道商的心性如冰之遇陽光，融化不留形迹。有道之士，處於俗塵之中，要面對各種名利或風險干擾，但能貧而不貪，富而不驕，得失不亂，進退從容，瀟灑自如。

㈤**敦兮，其若樸**。敦是誠實、敦厚之意。大道才是恆久的，有道之士始終以大道充實內心世界，散發出來樸實敦厚的氣質，且始終如一。儘管這世間有「無商不奸」之說，但誇大的宣傳乃至欺騙，雖獲一時之利，不是坐苦牢便得千秋罵名。

阿里巴巴大老闆馬雲說，「誠信才是世界上最大財富」，老祖宗也說「人無信不立」。有上德道商給人的印象，必然是至誠不欺、忠厚樸實，是謂道心在真。

㈥**曠兮，其若谷**。曠是寬廣、空虛之意，引申為胸懷如虛空之寬廣。上德道商心胸寬廣，無所不容，無所不納，往往可以視金錢如糞土，化糞土為神奇，這些是短視近利的奸商不能理解的。

道商可以超越小我小利，超越眼前，放眼千秋，都源自道心在寬，寬廣如山谷、虛空，可以包容一切。

㈦混兮，其若濁。混和濁都是愚昧、糊塗之意。上德道商既然心寬如虛空，可包含一切，當然光明和黑暗，真善美和假惡醜，潔淨和腐敗，也就同時包納在心。他們深知「水至清則無魚，人至察則無徒」，拿顯微鏡看世間一切人，恐怕沒有一個是人。過分明察秋毫，苛於責人，各種關係都不能維持，孤立無援，生意也別做了。

老子用「混兮，其若濁」，告誡我們，天下沒有十全十美的事。上德道商應如江河包容清和濁，處於萬物之中，與天地渾然一體。

老子最後警示，「保此道者不欲盈」，只有保持這七項道商形象守則，才算「永恆的成功」。但成功者難以克服是「盈」（自滿），一旦驕傲自滿，又可能前功盡棄。只有保持大道如虛空，謙卑處世，才是永恆的成功，范蠡做到了，成為千秋萬世永恆的神！

注釋

一 楊穎詩，《老子義理疏解》（臺北：文史哲出版社，二〇一七年八月），頁七八—八一。

二 李海波，《道商智慧—中國式經營的思想精髓》（北京：化學工業出版社，二〇一六年九月），頁一〇三—一〇七。

第十章　民間流傳范蠡的經商秘訣寶訓

數百年來，中國民間商界流傳著「財神」范蠡的經商秘訣寶訓。中國（含臺灣）民間信仰的財神有多位，公認有文武四大財神，文財神比干和范蠡，武財神關公和趙公明。但能三致千金，散財救貧，成為中國有史以來第一個「富行其德」的真商人，只有范蠡。

范蠡何時被「神格化」成為財神？不僅民間奉為財神，道教也供奉他為財神。在我國較早有系統紀錄神仙事蹟的《列仙傳》一書，記錄范蠡一段話：（註一）

范蠡，字少伯，徐人也，事周師太公望。為越大夫，佐勾踐破吳，後乘舟入海，變姓名，通齊，為鴟夷子。更後百餘年，見於陶，為陶朱君，財累億萬，號陶朱公。後棄之，蘭陵賣藥，後人世世識見之，范蠡銜桂，心虛志遠。受業師望，載潛載惋。龍見越鄉，功遂身返，屣脫千金，與道舒卷。

按這段話，范蠡從姜太公開始至少活了幾千歲，「後人世世識見之」等於長生不死，只有「神仙」可以。晉朝葛洪所著《神仙傳》就更神了！幾乎與宇宙共始終。（註二）

老子者……上三皇時為玄中法師，下三皇時為金闕帝君，伏羲時為郁華子，神農時為九靈老子，祝融時為廣壽子，黃帝時為廣成子，顓頊時為赤精子，帝嚳時為祿圖子，堯時為務成子，舜時為尹壽子，夏禹時為真行子，殷湯時為錫則子，文王時為文邑先生，一云守藏史，或云在越為范蠡，在齊為鴟夷子，在吳為陶朱公。

凡此，均學者一家之說，難以在民間形成普遍性信仰，在古代常要官方推動。范蠡正式被官方定位，配享一席「神位」，是到唐朝設武成廟之祀，按《新唐書・禮樂志五》記載：「詔史館考定可配享者，列古今名將凡六十四人圖形焉。越相國范蠡被列為配享之神位。」

到了宋代，范蠡被尊為「遂武侯」，在祈財儀式中有「相共送陶朱」，似乎此時「陶朱公」開始進入民間祈財活動。可能這時成為財神。

到了明朝，陶朱公更「神」了，陶業奉為鼻祖，造缸業奉為先師，景德鎮等地奉為窰神，各地商會奉為商祖，各種他的經商秘訣也廣為流行。各種陶朱公「商訓」條列如後。

理財致富十二法則

「理財致富十二法則」，簡稱「十二法則」，又叫「范蠡理財致富十二法則」，為《商人之寶》之一。它是范蠡關於經商理財、發家致富的主要規則、守則。

一、能識人，知人善惡，帳目不負。

二、能接納，禮文相待，交關者眾。

三、能安業，厭故喜新，商賈大病。

四、能整頓，貨物整齊，奪人心目。

五、能敏捷，猶豫不決，終歸無成。

六、能討帳，勤謹不怠，取討自多。

七、能用人，因人器使，任事有賴。

八、能辯論，生財有道，闡發愚蒙。

九、能辨貨，置貨不苟，蝕本便輕。

十、能知機，售貯隨時，可稱名哲。

十一、能倡率，躬行以律，親感自生。

十二、能遠數，多寡寬緊，酌中而行。

理財致富十二戒律

「理財致富十二戒律」簡稱「十二律」，又稱「范蠡理財致富十二戒律」，為《商人之寶》之一，它是范蠡關於經商理財、發家致富的主要禁律、忌條。

一、勿鄙陋，應納無文，交關不至。

二、勿優柔，胸無果敢，經營不振。

三、勿虛華，用度無節，破敗之端。
四、勿強辯，暴以待人，禍患難免。
五、勿懶惰，取討不力，帳目無有。
六、勿輕出，貨物輕出，血本必虧。
七、勿急趨，貨重爭趨，須防跌價。
八、勿昧時，依時貯發，各有常道。
九、勿固執，拘執不通，便成枯木。
十、勿貪賒，貪賒多估，承賣莫結。
十一、勿薄蓄，貨賤貯積，恢復必速。
十二、勿癡貨，優劣不分，貽害非淺。

商場教訓

「商場教訓」又稱「范蠡商場教訓」，為《商人之寶》之一，是范蠡具體到商業經營方面的訓條、忠告，真實經驗和警惕。

一、生意要勤緊，懶惰則百事廢。
二、接納要溫和，躁暴則交易少。
三、議價要訂明，含糊則爭執多。
四、帳目要稽查，懶惰則資本滯。
五、貨物要整理，散漫則必廢殘。
六、出納要謹慎，大意則錯漏多。
七、期限要約定，延遲則信用失。
八、臨事要盡責，放棄則受害大。
九、用度要節儉，奢侈則用途竭。
十、買賣要隨時，挨延則機宜失。
十一、賒欠要識人，濫出則血本虧。
十二、優劣要分清，苟且則必糊塗。
十三、用人要方正，詭譎則受其累。
十四、貨物要面驗，濫收則售價低。
十五、錢財要清楚，糊塗則弊竇生。

十六、主心要鎮定，妄作則誤事多。

經商十八法

「經商十八法」又名「十八法」、「降龍十八掌」、「范蠡經商十八法」。從內容及句式看，它與「商場教訓」相似，不同之處在於它篇幅稍長一些而已。這「十八法」的流傳，比前面各法較廣。

一、生意要勤快，切勿懶惰；懶惰則百事廢。

二、議價要訂明，切勿含糊；含糊則爭執多。

三、用度要節儉，切勿奢華；奢侈則錢財竭。

四、賒欠要識人，切勿濫出；濫出則血本虧。

五、貨物要面驗，切勿濫入；濫入則貨價減。

六、出入要謹慎，切勿濫草；濫草則錯誤多。

七、用人要方正，切勿歪斜；歪斜則託付難。

八、優劣要細分，切勿混淆；混淆則消耗大。

九、貨物要修整，切勿散漫；散漫則查點難。

十、期限要約定，切勿馬虎；馬虎則失信用。

十一、買賣要隨時，切勿拖延；拖延則失良機。

十二、錢財要明慎，切勿糊塗；糊塗則弊端多。

十三、臨事要盡責，切勿妄托；妄托則受害大。

十四、帳目要稽查，切勿懈怠；懈怠則資本滯。

十五、接納要謙和，切勿暴躁；暴躁則交易少。

十六、主心要安靜，切勿妄動；妄動則誤事多。

十七、工作要精細，切勿粗糙；粗糙則出劣品。

十八、談話要規矩，切勿浮躁；浮躁則失事多。

註釋

一 雷蕾，《千秋商祖—范蠡》（臺北：信實文化行銷有限公司，二〇一一年九月），第八章，第二節、第三節。

二 晉・葛洪，《神仙傳》。

第十一章　范蠡兵學思想研究

范蠡並未留下有系統性的兵學著作，《漢書藝文志》記載有范蠡兵學兩篇，並未流傳下來。是故，本文所述「范蠡兵學思想」，只是留在《史記》、《國語》、《越絕書》、《吳越春秋》等古籍之對話或格言，經整理、詮釋而得之論述。是故，從嚴而論，范蠡不是兵法家或兵學家。

再者，吾人所謂「兵學家」或「兵法家」，有廣狹二義。其廣義者，包含哲學家、思想家，如孔子和老子，也稱先秦兵學家，而事實上，孫子、范蠡、吳起、孫臏和更晚的孔明等，其兵學思想很多來自孔子和老子二聖。狹義兵學家，指純粹在兵學上有大成者，如孫子、吳起、孫臏等，乃至西方兵聖克勞塞維茲，才是「真正的兵學或兵法家。」

以狹義論，范蠡並非兵學家，除了沒有「系統性」的兵學傳世。古籍零星有廣義論兵的格言或對話，內容均屬思想性的形而上說法，欠缺概念性、操作性。所以，「范蠡兵法」，也只有范蠡能運用自如，別人讀起來就像「道可道，非常道……」有如「禪宗」，任人心領神悟，隨人詮釋。

真正（純粹）兵學（如孫子、孫臏等），必須有系統性、概念明確可定義及操作性。范蠡兵學未具備這些要件，不能算是狹義的兵學家，這可能也是「范蠡兵學」未能流傳的原因。以廣義略論范蠡兵學思想如後。

壹、持盈、定傾、節事

越王即位三年，而欲伐吳，范蠡進諫曰：「夫國家之事，有持盈、有定傾、有節事。」王曰：「為三者奈何？」顯然勾踐幹了三年國家領導，還不很清楚經營「國家之學」。

范蠡告訴他：「持盈者與天，定傾者與人，節事者與地。」這就是范蠡兵學思想的「本體論」，兵學的基本綱領。古今中外，一切國家（政權、團體），無不在天、地、人三者，追求平衡、突出和機會，以完成個人或國家的「霸業」（現代心理學叫「自我實現」）。天、地、人沒有完善處理，下場都不好，如勾踐困於會稽，夫差落得亡國自殺，放眼歷史，古今中外，一切事的成敗，不出天、地、人三大本體道理。就是現代社會有點雄心壯志，想做些大事的人，也要考量天地人！

何謂「持盈者與天」呢？范蠡說：「天道盈而不溢，盛而不驕，勞而不矜其功，夫聖人隨時以行，是謂守時；天時不作，弗為人客，人事不起，弗為之始，今君王未盈而溢，未盛而驕，不勞而矜其功，天時不作，而先為人客；人事不起，而創為之始，此逆於天，而不和於人，王若行之，將妨於國家，靡王躬身。」

老子曰：「人法地，地法天，天法道，道法自然。」（見《老子》正詁第二十一章）以及「致虛極，守靜篤，萬物並作，吾以觀其復……，歸根曰靜，靜曰復命，復命曰常，知常曰明，不知常，妄作凶。」之理論。（見《老子》正義第十五章）。越王沒聽范蠡之言，他大概也聽不懂（含金湯匙出生的人大多不學無術），終於敗於會稽，落得到吳國當三年奴才，還吃了夫差的大便，這種人是很「恐怖」的，簡直是最早的「恐怖份子」。

何謂「定傾者與人」呢？范蠡說：「卑辭尊禮，玩好女樂，尊之以名。如此不已，又身與之市。」（《越語》下）。此乃「黃老靜觀萬物之變，而得其闔闢之樞，惟逆而忍之，靜勝動，牝勝牡，柔勝剛，欲上先下，知雄守雌，外其身而身存，無私故能成其私，所謂反者道之動，弱者道之用也。」（見魏源〈論老子〉）。

這「欲上先下、柔勝剛、無私故能成其私」，勾踐大概懂一點，可能不得已只好聽范蠡安排，乃派文種向夫差求和，條件是「請士女於士，大夫女女於大夫，隨之以國家之重器。」初吳王不許，又開出更卑下的條件「請委管籥，屬國家，以身隨之，君王制之。」吳王終於答應和解並退兵。勾踐和范蠡去吳國當三年人質，過了三年苦日子。回國後，勾踐對「無私故能成其私」，才有些領悟，此後他就很信任並依賴范蠡。

何謂「節事者與地」呢？范蠡說：「唯地能包萬物而為一，其事不失。生萬物，容畜禽獸，後受其名然，而兼其利；美惡皆成，以養其生。時不至，不可強生；事不究，不可彊成。自若以處，以度天下，待其來者而正之，因時之所宜而定之，同男女之功，除民之害，以避天殃，田野開闢，府倉實，民眾殷，無曠其眾，以為亂梯，時將有反，事將有間，必有以知天地之恆制，乃可以有天下之成功。事無間，時無反，則撫民保教以須之。」（詳見《越語》下）。

余訏於二千五百年前，范蠡就有「男女平等、同功同酬」觀念，也有「就業率」的道理，「失業率」太高，會成為社會「亂梯」（即亂源），「時將有反、事將有間」，會有人造反，什麼事都做不成。（有如現今的台灣）真是神啊！范蠡！「事無間、時無反、則撫民保教以須之」，這「須」是「虛」字同，即「待」也，有可期待，因得民心，領導階層想做什麼！人民都能為之完成。

這個理論源自老子，老子曰：「天下有道，卻走馬以糞。」「吾有三寶，持而寶之；一曰儉，二曰慈，三曰不敢為天下先」，由此演繹出來，范蠡多次以時機未到，諫阻越王不要輕起戰端，都像老子的作為，「將欲歙之，必固張之；將欲弱之；必固強之；將欲廢之，必固興之；將欲奪之，必固與之；是謂微明，柔勝剛，弱勝強，魚不能脫於淵，邦之利器不可以借人。」這些思想在《孫子兵法》也提到，可見吾國兵學思想亦有源自老莊者。

及至艾陵之戰，黃池之會後，吳國政局社會「忠臣死、志士怨、人民解體、國力罷弊」，范蠡就決心用兵了。在滅吳過程中，我發現一個「很奇怪」的現象，三十多年來，筆者因有趣研究吾國春秋時代吳、楚、越三國，含同時代的幾個要人（楚平王、伍子胥、伯嚭、吳王闔閭和兒子夫差、越王勾踐、范蠡、文種、孫武等人）。吳伐楚入郢，楚人民起來反抗吳兵，得以復國，但越伐吳，吳人沒有反抗者，好像吳越之戰只是夫差一人的事，和吳國百姓無關，吳乃亡國，可見夫差施政，確實失敗。當時若有民調，夫差一定比陳水扁和馬英九更慘！

當范蠡決心用兵，初如風之疾發，勢似江河之決堤；繼則「居軍三年，吳師自潰」，有老子「以正治國，以奇用兵，以無事取天下。」的智慧，終於滅吳，一氣呵成，「全勝、全軍、全國」，此乃老子兵學之體，加孫子兵法之用。

是故，老子所謂「不爭而有、無事取天下」，范蠡的「事無間、時無反、居軍三年、吳師自潰」，並非不作為，而是極深的謀略作為，藏於九地之下，動於九天之上，神難測，鬼不知，一般人當然就毫無「感覺」，唯有戰略素養的大智者知其動靜，說與人聽，人皆不信。就像一九九五年閏八月，我著書立說「共軍不會犯台」，很多人不相信，人大多活在傳言和八卦中，少能聽真言者。

貳、人事與天地相參、然後乃可成功

范蠡從楚奔越，到助越王滅吳這過程中，他的人格特質和智慧有幾點是很可貴的。㈠對文種分析「奔越或奔吳」的二選一，他將吳定位為「仇邦」，不入仇邦，忌未來可能反攻祖國，這是可貴的愛國情操。故二人奔越，等於執行祖國「聯越制吳」的大戰略政策，公私兩利，個人事業有得發揮，對祖國有利，這正是「無私固能成其私」。㈡他對料敵（情報判斷）慎重而正確，對伐吳始終很有信心，尤其勾踐敗於會稽和入吳當人質，對很多狀況判斷都不出他所料，乃至極有信心。他確是做到「非萬全不動、非必克不攻」的境界，故能一戰而霸，在中國歷史上的兵法家中真千古二人（另一是孫子）！

從吳國回來四年後，越王問范蠡：「先人就世，不穀即位，吾年既少，未有恆常，出則禽荒，入則酒荒，吾百姓之不圖，唯舟與車，上天降禍於越，委制於吳，吳人之那不穀，亦又甚焉，吾欲與子謀之，其可乎？」

范蠡對曰：「未可也，蠡聞之，上帝不攷，時反是守，彊索者不祥，得時不成，反受其殃，失德滅名，流走死亡，有奪有予有不予，王無早圖。夫吳君王之吳也，王若早圖之，其事又將未知也。」〈見《越語》下〉。

很多人以為只有西方耶教有「上帝」，不知吾國更早就有上帝，范蠡這裡「上帝不攷，時反是守，彊索者不祥，得時不成，反受其殃。」應指「天」（自然）道未至，時機不成熟，勉強行之不祥，反受其害！中國人在古早就有上帝了！

回國後五年，勾踐又問他：「吾與子謀吳，子曰未可也。今吳王淫於樂而忘其百姓，亂民功，逆天時，信讒喜優，憎輔遠弼，聖人不出，皆曲相御，莫適相非，上下相偷，其可乎？」對曰：「人事至矣，天應未也，王姑待之。」

前述筆者研究中，發現吳越戰爭好像是吳王夫差一人之事，吳國人民面對越軍入侵，完全沒有反抗者，且聽越王之治理，是吳王施政的失敗，此處有了證據，吳王不理百姓，給百姓帶來苦難，百姓當然也不理他。此刻，勾踐欲伐吳，范蠡認為人事沒問題，「天機」未到，他要越王再等等！

回國後六年，越王又回：「吾與子謀吳，子曰未可也。今申胥（伍子胥封於申故曰申胥）驟諫其王，王怒而殺之，其可乎？」對曰：「逆節萌生，天地未形，而先為之征，其事是以不成，雜受其刑，王姑待之。」（同上）

吳王才剛殺了伍子胥，范蠡認為「逆節萌生、天地未形」，事情才剛剛開始發生，

「天」和「地」的條件尚不足，「先為之征、其事是以不成」，要勾踐再等待！

回國後七年，越王又問曰：「吾與子謀吳，子曰未可也。今其稻蟹不遺種，其可乎？」對曰：「天應至矣，人事未盡也，王姑待之。」王怒曰：「道固然乎？妄其欺不穀邪？吾與子言人事，子應我以天時，今天應至矣，子應我以人事，何也？」

每次問都說未可，勾踐大概也耐不住性子，而范蠡一下說人事備、天時未到；一下又說人事未盡，天時至矣，勾踐也疑惑，是不是范蠡不想打這一仗？

范蠡曰：「王姑勿怪，夫人事，必將與天地相參，然後乃可成功。今其禍新民恐，其諸臣上下，皆知其資財之不足以支長久也，彼將同其力，致其死，猶尚殆，王其馳騁弋獵，無至禽荒，宮中之樂，無至酒荒，肆與大夫觴飲，無忘國常，彼其上將薄其德，民將盡其力，又使之望而不得食，乃可以至天地之殛，王姑待之。」（同上）。

按范蠡所述，這天、地、人三者，不僅相參相關，且是統一的、變化的，今日一者可，明日或許又不可，須天地人三者都同時成熟，才是起兵開戰之時機。如孟子所言「天時、地利、人和」，道理是一樣的。

回國後十年，越王又召范蠡說：「諺有之曰：觥飲不及壺飧，今歲晚矣，子將奈何？」對曰：「微君王之言，臣故將謁之，臣聞從事者，猶救火追亡人也，蹶而趨之，唯恐弗及。」王曰：「諾。」（同上）。

從前述勾踐和范蠡多次對話，可知范蠡料敵何等審慎，他知道不能有第二次失敗，因為沒有第二次機會，再敗便是越王君臣之死期，所謂「兵凶戰危、佳兵不祥」，報仇雪恥是不變的，可是一旦開戰，便乾坤一擲，須有必勝把把。故須待敵內憂外患，天災人禍，然後集中優勢兵力，一舉殲敵，其庶乎有成，范蠡心中盤算的，是一戰而成，沒有第二次「生聚教訓」。

有兵學智慧的人，大多深解「一戰而成」是境界，如吳起也說：「天下戰國，五勝者禍，四勝者弊，三勝者霸，二勝者王，一勝者帝，是以數勝得天下者稀，以亡者眾。」這是什麼道理？「五勝」（表示戰爭很久）不是很好嗎？但戰爭打了很久，五個大會戰都打勝了，這是天大的「禍害」。例如，中日八年戰爭，中國打勝了，打死對手，自傷也重，將給覬覦者（中共）好機會，勝利之日也是死期。所以吳起才說「數勝得天下者稀，以亡者眾」，范蠡兵法追求的，是「一勝者帝」。

參、得時無怠、時不再來、天予不取、反爲之災

回國後十二年，周敬王四十二年（前四七八年）春，越王興師伐吳，戰於笠澤，吳軍大敗，越王忽然動了婦人之仁，想准許吳王議和，這時范蠡進諫說：「夫謀之廊廟，失之中原，其可乎？王姑勿許也。臣聞之，得時無怠，時不再來，天予不取，反為之災，贏縮轉化，後將悔之，天節固然，唯謀不遷。」（見《越語》下）。越王才停止和吳王和議的打算。

這裡范蠡已警示越王，老天要把吳國送你，你還不取，反會有災難，後悔已不及。有兵學智慧的人也一定知道，「和談」是戰爭方式的一種，國共內戰時，中共以和談為戰爭之手段，國軍和國民黨因「和談」而垮台，江山也談掉了，這個因素沒有八成，至少有五成。范蠡深怕越王又心軟，重開和談大門，那就慘了！又對勾踐說了一段話：

> 臣聞古之善用兵者，贏縮以為常，四時以為紀，無過天極，究數而止。天道皇皇，日月以為常；明者以為法，微者則是行，陽至而謀，陰至而陽；日困而還，

> 月盈而匡，後則用陰，先則用陽；近則用柔，遠則用剛，後無陰蔽，先無陽察；用人無藝，往從其所，剛柔以禦，陽節不盡，不死其野，彼來從我，固守勿與；若將與之，必因天地之災，又觀其民之饑飽勞逸以參之，盡其陽節，盈吾陰節，而奪之利，宜為人客，剛彊而力疾，陽陰不盡，輕而不可取，宜為人主，安徐而重固，陰節不盡，柔而不可迫。凡陳之道，設右為牝，益左為牡，蚤晏無失，必順天道，周旋無究，今其來也，則彊而力疾，王姑待之。
>
> 王曰：「諾」。（同上）

不知道勾踐是否聽懂范蠡的長篇演講？最後只說一字「諾」，就是一切全聽你的，可見長期以來范蠡在這座大舞台，已扮演主角，領銜主演「吳越春秋」。在「滅吳」這個關鍵點上，范蠡比勾踐更堅持！

范蠡最後將吳軍圍困在吳都，「弗與戰，居軍三年，吳師自潰」。這戰事持續經年，吳軍一敗於笠澤，再敗於沒，三敗於郊，越軍雖全勝，犧牲也大，所以范蠡為爭取最後勝利，陳說了前述天時、地利、人和、陰陽、剛柔、主客、攻守等原理。圍城三年，吳師自潰，不得不歸功於范蠡作戰指導的正確。

肆、國家目標不可一夜間任意放棄

國家目標是這個國家、人民、民族的重要目標，即定為「國家目標」，必經很多戰略家評估，與該國生存發展及人民生命財產有直接關係，始得訂為「國家目標」。如我國在對日八年抗戰，「消滅日寇」即是國家目標，但最後「以德報怨」放走了敵人，美國邀請蔣介石派兵駐日，蔣也不派，等於放棄了長期的國家目標，必有後患。是故，我著書立說，主張廿一世紀內，中國人應以核武消滅日本這個邪惡的民族，才是中國和亞洲永久和平之道。

中國必須消滅日本這個民族，收其各島設為中國的一個省區，道理和越必須滅吳一樣。越滅吳是國家目標，中國消滅日本也是國家目標，更是民族目標，不可任意放棄，棄之必有後患，范蠡很清楚這個道理。廿一世紀的中國人，應該要知道我說的真理。中國人在沒有消滅大和民族之前，中華民族都存在危機！

當越軍的包圍圈愈縮愈小，吳軍的抵抗力愈弱的時候，吳王於是「率其賢良，與其重祿，以上姑蘇」，這裡是吳王最後的據點，他知道大勢已去，於是派他最優秀的謀臣王孫雒求和於越，只求保全國家命脈，越王很想答應他，范蠡進諫說：

聖人之功，時為之庸；得時不成，天有還形，天節不遠，五年復反；小凶則近，大凶則遠，先人有言：「伐柯者其則不遠」，今君王不斷，其忘會稽之事乎？

越王於是不答應吳王求和，王孫雒一再來求和，「辭愈卑、禮愈尊」，越王又想答應。范蠡再諫說：「孰使我早朝而晏罷者，非吳乎？與我爭三江五湖之利者，非吳耶？夫十年而謀之，一朝而棄之，其可乎？王姑勿許，其事將易冀已。」越王只好不答應。

王孫雒絕不能放棄求和，因為沒機會了，他和范蠡有一段對話〈見前章〉。滅吳之事等於范蠡裁定了，不報於王，擊鼓興師，不傷於民，遂滅吳！

范蠡的決心，前無古人，他的兵學思想也影響後世很多兵家。漢之張子房、晉之杜元凱、唐之郭汾陽、宋之韓咸平、清之曾文正。但廿一世紀的中國人，必須學習范蠡決心，用核武消滅日本這個邪惡民族，中國和亞洲才有和平。

第十二章 補遺：「美人計」的理論、實務與史例

在整個范蠡輔佐勾踐復國滅吳大業，以西施「美人計」的施展，始終是全局過程中的核心思維，一種勝過千軍萬馬的無形力量。

美人計之運用在古今中外的歷史（含野史），可能是有著最多故事的模式，中國歷史上可謂代代有之，而美女西施可以說是最成功之史例。後人稱之為中國歷史上的第一個女間諜，也是第一個被貼上「美人計」標籤的美女故事。（註一）但西施不見於《左傳》、《國語》、《史記》等史籍，卻以一個民間傳說中的美女，名垂青史，成為當時國際爭雄中的關鍵人物。如是，讓「美人計」的操作運用，給人產生更多的想像空間。

在三十六計裡，美人計是第三十一計，屬「敗戰計」，所謂「敗戰計」乃已經戰敗，將敗或處劣勢之一方所用，均為不得已之計。敗戰計共有六計：美人計、空城計、反間計、苦肉計、連環計、走為上。各有其神妙之處，唯高人智者能用之反敗為勝。

本文衍繹范蠡與西施的美麗傳說，略述「美人計」之理論、實務與史例，為前面各章補遺，滿足讀者好奇！

壹、美人計的理論依據，成功可行的保證

世間一切可以實踐，可行成功之事，必有其道理，這種道理就是理論依據，有了支持的基礎。越是有堅實的基礎，越是可以獲得高成功率的保證。美人計為何可行？而且使用率極為普遍，乃至現代社會的商務競爭，美人計已到了無所不用其極的境界。用於政治或情報大鬪法，也常佔領媒體最大版面。到底美人計的理論依據何在？約略有三。

一、原典：兵強者，攻其將；將智者，伐其情。將弱兵頽，其勢自萎。利用御寇，

順相保也。（註二）

對強大的敵軍，要把矛頭指向它的將領；對付英明多智的將領，要攻伐其情感情緒。將領的感情面消沉了，戰鬥力自然萎縮。這就像《易經．漸象》卦所啟示的，利用敵人的弱點抵禦敵人，順勢可以保存自己的實力，再相機改變戰局。

二、**按語：兵強將智，不可以敵，勢必事之。事之以土地，以增其勢，如六國之事秦，策之最下者也；勢之以布帛，以增其富，如宋之事遼、金，策之下者也；惟事之以美人，以佚其志，以弱其體，以增其下之怨，如勾踐之事夫差，乃可轉敗爲勝。**（註三）

對於具有強大兵力和明智將帥的敵人，不可與他正面硬拼，事必要暫時屈服侍奉他。若以割讓土地表示事奉，會增強敵人的戰力，如同戰國時代六國割讓土地以侍奉秦國，這是最下之策。若用金錢絲綢去侍奉敵國，會增加敵人的財力，如宋朝之事遼和金，這也是下策。只有用美女事奉敵人，消磨敵人體質和戰志，加深其上下之怨氣，使其離心離德，如勾踐之侍奉夫差，才能轉敗為勝。

戰國時代，六國(韓、趙、魏、楚、燕、齊)，紛紛割讓土地以示事秦，結果呢？北宋真宗景德元年(一零零四年)與遼議和，每年向遼納銀十萬兩，絹二十萬匹；南宋高宗紹興十一年(一一四一年)與金議和，每年向金納銀二十五萬兩，絹二十萬匹，結果又如何？割地納金送銀都不如派出一個「美人」！

三、**美人計的成功保證建立在「生物性」法則上，是最堅實的理論依據**。古今中外的美人計，唯一從未改變的是美人必定是某個受過特殊教育訓練的「女人」，她執行任務的對象也是永不改變的某一特別的「男人」，爲什麼永遠是女人對付男人？這其實生物本能的簡單道理，「女追男隔層紗，男追女隔座山」。也就是說，在常態狀況下，有一女子要接近(或獻身)某一男子並不難，反之男子要接觸(或求歡)某一女子較難。若是相當姿色「美人」主動獻身，任何男子(聖人除外)是難以抗拒的，這是「美人」使計的「天生優勢」。當然，美人是有等級之分，依據對象身份、地位、性格、特質，要派出何種等級的美人，要接受何種教育訓練，是有大學問的，準備越充分越能保證成功。

美人計要達成的目標很單純，讓使計的對手(敵人，那個男人)，產生「心亂體虛」

心亂是精神或意志心理層面，體虛則是身體或生理，這是美人計很厲害的地方。男人的「需要」，也是一種致命的弱點。

貳、范蠡與西施「美人計」實務進行至完成

文種「滅吳九術」的第四條就是：「進美女與吳王，亂其心，虛其體。」文種為此帶著相師，在全國所有美女中，篩選出鄭旦和西施二人，她們的美真是世上少有。勾踐把培訓和未來「送美」任務責成范蠡。

鄭旦和西施整整受了三年的教育和訓練，范蠡所安排的培訓課程，大約是現代社會的新娘學校、模特兒和情報三個領域的研習。舉凡語言、腔調、口氣、笑容、舉手、投足、坐相、立姿、禮節、化妝、歌、舞、琴、棋、書、畫、察言觀色、反應，都有高明藝師來上課。越王夫人親自教導歌舞和媚術，在傳奇戲曲《浣紗記》裡，越王夫人對西施說：(註四)

> 美人，古稱絕色，第一容貌，第二歌舞，第三是體態。若是容貌雖好，歌舞未諧，不足為奇。歌舞雖通，體態未善，不足為妙。美人，你的容貌不必言矣，但歌有歌體，

舞有舞態，須要態度優閒，行步娘娜，方能動人。

於是西施和鄭旦詠唱如今仍在江南流行的〈白苧採蓮〉歌，吳宮常見的〈迴風轉波〉舞。西施天資聰明，各項功課都用心學習，加上她「姿容嬌媚」、「性格溫柔」，果然後來很快就讓夫差神魂顛倒，心亂體虛。

二位美女培訓完成，勾踐責成范蠡「送美」到吳國，主要是范蠡在吳國三年，夫差對他頗有好感。再者，范蠡是「興越滅吳大戰略」的總企劃師，由范蠡擔任最合適了。范蠡一行乘樓船走水路到吳都，這是一行「送禮的隊伍」，包含吳王身旁各要員的重禮，伯嚭要的也是美女，吳國君臣沒有拿越國貢禮的只有伍子胥一人。

伍子胥力勸夫差不可接受二位美女，直諫「絕色女子，多為亡國妖物」。夫差那裡聽得進去，火大了下令伍子胥自殺，用鴟夷(牛皮袋)裝起來扔到江水中，表示西施鄭旦到吳宮不久，就達成讓夫差「心亂」的任務。

有些資料顯示，二位美人到吳宮第一個月，夫差便封西施為貴妃，封鄭旦為偏妃，短期間超越後宮所有嬪妃的名位。夫差本是勤於政務，但當西施越來越得寵，幾乎西施得到更多侍寢(培睡)機會，夫差也越來越少上朝，這時西施年紀約二十初，夫差已是中年。這種現象所顯示，夫差和西施的房事很超過，女人一夜幾回都可以，男人若連續一夜兩次，一晚可以，經年累月經常幹，是極為傷身的。這表示西施的「美人計」的另一任務，讓夫差「虛體」又很快達成。

美人計最堅實的理論依據，也是使計成功的保證，正是建立在男人的性需求基礎上，成為千古不易之定律。說奇怪亦奇怪！不奇怪亦不奇怪！試想，問任何男子，若如西施之絕色來為你「侍寢」，見她膚白如玉，杏木傳情，朱唇櫻口，容顏嬌嫩，風韻楚楚，散發幽香的誘惑，還能拒之門外否？

大約二位美人到吳宮後一年多，鄭旦病歿了，西施獨得夫差的寵愛，也獨立承擔起對吳王的「亂其心、虛其體」重擔。西施有能耐、有條件，也有天份，千古以來中外歷史的「美人計」，西施達到最高境界。她不做那些「干涉政局、陷害忠良、擾亂後宮」等事，她緊抓住美人計的核心思維，讓夫差一顆心掛在她身上，讓夫差夜夜享用她身體和姿色，使其「心亂、體虛」的程度日愈嚴重。西施的努力得到了重大「成果」。《史記．吳太伯世家》有一段話：（註五）

越王勾踐率其眾以朝吳，厚載遺之。唯子胥懼，曰：「是棄吳也。」諫曰：

「越在腹心，今得志於齊。猶石田，無所用，且盤庚之誥有顛越勿遺，商之以興。」吳王不聽，使子胥於齊，子胥屬其子於齊鮑氏，還報於吳，吳王聞之，大怒。賜子胥屬鏤之劍以死，將死，曰：「樹吾墓上以梓，令可為器。抉吾眼置之吳東門，以觀越之滅吳也。」

夫差賜子胥自殺死，是越國反間計的成功，西施的美人計亦是大成。因為從此以後，夫差更為淫靡，而朝政完全聽從奸臣伯嚭，伯嚭則已是范蠡的「代言人」。史家研究吳國走向滅亡的進程。西施產生重大作用，她甚至是滅吳的頭等功臣。（註六）此言不虛，正是所謂衽席為戰場，脂粉作甲冑，盼睞是槍矛，顰笑勝弓刀。「兵智者，伐其情」、「事以美人，以佚其志，以弱其體，以增其下怨」，美人計實在是最省成本，最節約兵力的戰法。

參、美人計史例舉要

古今中外美人計史例不計其數，冷戰時期美蘇兩強的美人計大鬥法，有不少拍成電影。多注意現代社會新聞，常有美人計（仙人跳）成為頭條，可見這是一種不受時空限制的把戲，其「智慧成份」不高，應該是三十六計中，操作很簡單的一種，但要使得高明也不容易。

中國歷史上流傳的美人計故事亦多。最早在商朝末年西伯（後來的周文王）被紂王困於羑里（今河南湯陰北），西伯的屬下閎夭獻美女有莘氏給紂王，西伯才得以釋放，最後滅了商朝。

《三國演義》中，孫權嫁妹予劉備，司徒王允以貂蟬離間董卓和呂布，使呂布殺掉董卓，皆美人計之用。只是貂蟬不見正史，應是虛構人物。至於孫權、周瑜所設計的美人計失敗了，落得「賠了夫人又折兵」，想讓劉備「樂不思蜀」落空，其失敗的責任不在美人本身。劉備是成功過美人關的英雄，夫妻倫理的力量成了「反美人計」，使美人計瓦解。

明崇禎十四年（一六四一年），清兵在錦州大破明軍，生俘明軍統帥洪承疇。洪誓死不降滿清，絕食抵抗，決心殉國，清太宗也用美人計，都完全不能動搖洪承疇的意志，皇后孝莊文不相信天下有英雄能過美人關，決定「親自下海」。在她安排下，洪承疇果然「睡」了她，第二天一早她就帶著洪承疇入見清太宗，稱願投降滿清，效犬馬之勞。（註七）到底皇后有沒有讓清太宗戴綠帽子？成為清代四大懸案之一，孝莊皇后果真奇女子乎？

實際上沒有美人，無中生有美人計，也是奇妙之計。漢高帝七年（前二百年），劉邦被匈奴冒頓單于大軍圍困在白登山（今山西大同附近），陳平想出一個沒有美人的美人計。他帶著重寶厚禮和一幅美女圖，去見冒頓單于的閼氏（相當中原王朝的皇后）說：「我們漢朝有一位傾國傾城的美女，大漢皇帝要把她送給單于，這是她的畫像；如果能放走大漢皇帝，就不會把美女送來……」。

閼氏當然聽懂了，再看畫像果然是仙女下凡。心想要是讓這美人來了，「老娘」還有得混嗎？當下就相信並答應陳平的要求，晚上在牀上拼命向老公「咬耳朵」，第二天冒頓真的撤軍，漢軍解了白登山之圍。此事在司馬遷《史記．匈奴列傳》和東漢桓譚《新論》，二者記載小有不同，大致未離史實，陳平真是奇才！

美人計的理論和實務運用，在人類文明文化史上很古老。古兵書《六韜．文伐》中說，對於直接用武力不能征服的敵人，以「養其亂臣以迷之，進美女、淫聲以惑之……」這正是美人計。

《韓非子・內儲說下》，「遺人……女樂二人，以榮其意而亂其政。」這說的是周惠王十九年（前六五八年）的事。晉獻公要出兵攻打虢國，而虞國是必經之道，晉獻公欲向虞君借道伐虢，怕虞君不肯，大夫荀息知虞君貪婪，最愛美女，建議用美人計。晉獻公乃送女樂二人給虞君，晉軍滅了虢國，回軍途中再滅了虞國，此即「假道伐虢」，三十六計之第二十四計，與美人計連環使用。

美人計的特點，在用美色惑敵，使設計的對象「心亂、體虛」，這會產生很多擴張效果，消磨其意志，分裂其核心，喪失理性判斷力，進而離心離德，失去民心。接下來，軍事武力的征服就容易得多。

夫差貪戀女色，日愈嚴重，根本不用心思索政事，最後導致身死國亡。而那所趁之「火」是怎樣燒起來的呢？是夫差和西施「天雷勾動地火」吧！雄性生物的「慾火」燒起來了！可傳宗接代，可完成自我實現，也會燒掉天下！

註釋

一 洪淑苓，〈美人計的敘事模式與性別政治—從西施故事談起〉第八期（民國八十六年四月），頁一五一—一六七。

二 齋義農主編，《三十六計》（甘肅：甘肅文化出版社，二〇〇三年七月第一版），下卷，頁二二八。

三 同註二，頁二二九。

四 同註一，頁一五六。

五 漢・司馬遷，《史記》（台北：宏業書局，民國七十九年十月十五日），頁一四七二。

六 雷蕾，《千秋商祖—范蠡》（台北：信實文化行銷有限公司，二〇一一年九月）頁一五八。

七 孝莊文皇后，生明萬歷四十一年（一六一三年），卒於康熙二十七年（一六八八年），博爾濟吉特氏，名布木布泰。清太宗愛新覺羅皇太極之妃，崇德元年（一六三六年），皇太極改號稱帝，受封為永福宮莊妃。崇德三年皇九子福臨，福臨即位（年號順治），尊為皇太后。順治十八年，福臨死，第三子玄燁即位（康熙），尊為皇太后。

附錄一　中國道商賦

夫道者，開天地之造化，定生殺之綱紀，示盛衰之軌轍，正損益之法度，窮性命之源元，運本末之妙用，啟仙聖之堂奧，通天人之神機。上通無極，下達幽冥，遠及十方，近觀分寸，尊以度君，卑以立身，紅顏皓首，雅士俗人，道通天下，無物不存。

夫商者，乃國之基，民之本也。眾人熙熙，皆為利來，眾人攘攘，皆為利往，利之所在，猶道之所處也！太上有言：「聖人無常心，以百姓心為心」。眾人皆趨利，聖人獨讓利，眾人皆好利，聖人樂施利。故聖人之治也，明之以道，示之以德，誘之以善，共之以利。共利者，利天下之利也！此豈非愚人之心哉！

無道不立，無商不活，無德不貴，無利不生。天下有大利者，非聚斂財貨之謂，乃順萬物之情，盜三才之用，養天下之民，演大道之化也。仙道貴生，利物則益生；治道貴平，中正則和平；商道貴富，智富則財富；人道貴利，利人則利己。此陰陽之變、大小之別，財貨之交，本末之用也。故曰：以道經商，天下大利。

生萬物者，大道也；育萬物者，天地也；利萬物者，聖人也；用萬物者，道商也。商統於道，非道而弗之為；利和於義，非義而弗之取。觀天之道，明盈虛盛衰貴賤之理；執天之行，定進退取予漲伏之機。均平用中，不貪為貴；守慈用柔，不爭為寶；四海三江，上善若水；神州內外，陶朱遺風。循天之道，取地之利，集人之智，合神之機，故能「我不求財而財自來」，譬江海之納百谷也，財富亦複如是。

大商若水，聖商若樸，富商若虛，道商若無。道商之利，乃天下之大利也；俗商之利，乃一己之私利也。後世學者，不識天下大利而恥言之，故言利者悉歸於小人。以小人而謀利，則損不足以奉有餘，終成天下國家之禍患也；以君子而謀利，則損有餘以補不足，實乃乾坤九域之福禎也。故謀利者當如君子，君子者貴為道商。道商之利，甘食美服，安俗樂業，上富其國，下富其家，利而不害，為而不爭也。

道商者，商之大也！道為神，商為形；道為體，商為用。以道啟心，以心啟智，以智啟財，以財啟眾，眾皆歸道。使天下之眾趨道若趨利者，非道商而孰能擔之？故中國道商曰：治國之道，必先富民。民富則國強，民安則國泰，民裕則國福，民利則國興。強之在國，富之在民，神而化之，傳之無窮，道商合一，利物益生矣！

附錄二　詠范蠡西施詩詞集萃

景陽井　唐・李商隱

景陽宮井剩堪悲，不盡龍鸞誓死期。
腸斷吳王宮外水，濁泥猶得葬西施。

館娃宮懷古二首　唐・皮日休

其一

綺閣飄香下太湖，亂兵侵曉上姑蘇。
越王大有堪羞處，只把西施賺得吳。

其二

響屧廊中金玉步，采香徑裡綺羅身。

不知水葬歸何處，溪月彎彎欲效顰。

西施詠 唐．王維

艷色天下重，西施寧久微。
朝為越溪女，暮作吳宮妃。
賤日豈殊衆，貴來方悟稀。
邀人傅脂粉，不自著羅衣。
君寵益嬌態，君憐無是非。
當時浣紗伴，莫得同車歸。
持謝鄰家子，效顰安可希。

西施 唐．李白

西施越溪女，出自苧蘿山。
秀色掩今古，荷花羞玉顏。
浣紗弄碧水，自與清波閒。
皓齒信難開，沉吟碧雲間。

勾踐征絕豔，揚蛾入吳關。
提攜館娃宮，杳渺詎可攀。
一破夫差國，千秋竟不還。

烏棲曲 唐・李白

姑蘇臺上烏棲時，
吳王宮裡醉西施。
吳歌楚舞歡未畢，
青山欲銜半邊日。
銀箭金壺漏水多，
起看秋月墜江波。
東方漸高奈樂何！

子夜四時歌 摘 唐・李白

春歌

秦地羅敷女，采桑綠水邊。

素手青條上，紅妝白日鮮。
蠶飢妾欲去，五馬莫留連。

夏歌

鏡湖三百里，菡萏發荷花。
五月西施采，人看隘若耶。
回舟不待月，歸去越王家。

玉壺吟 摘 唐．李白

西施宜笑復宜顰，醜女效之徒累身。
均王雖愛蛾眉好，無奈宮中妒殺人！

美人梳頭歌 唐．李賀

西施曉夢綃帳寒，香鬟墮髻半沉檀。
轆轤咿啞轉鳴玉，驚起芙蓉睡新足。
雙鸞開鏡秋水光，解鬟臨鏡立象床。

一編香絲雲撒地，玉釵落處無聲膩。
纖手卻盤老鴉色，翠滑寶釵簪不得。
春風爛熳惱嬌慵，十八鬟多無氣力。
妝成鬈鬌欹不斜，雲裾數步踏雁沙。
背人不語向何處？下階自折櫻桃花。

西施 唐·羅隱

家國興亡自有時，吳人何苦怨西施。
西施若解傾吳國，越國亡來又是誰？

經范蠡舊居 唐·張蠙

一變姓名離百越，越城猶在范家無。
他人不識扁舟意，卻笑輕生泛五湖。

范蠡扁舟 宋·王十朋

久與君王共苦辛，功成身退肯浚巡。

五湖渺渺煙波闊，誰是扁舟第一人。

范蠡湖　宋・張堯同

少伯曾居此，螺紋吐彩絲。
一奩秋鏡好，猶可照西施。

范蠡宅　元・成廷珪

淡淡寒雲鶴影邊，荒阡故宅忽多年。
大夫已賜乎吳劍，西子還隨去越船。
白日撐空留罔象，青松落井化蜿蜒。
徒憐此地無章甫，只解區區學計然。

妝臺弔西施　明・徐霖

苧蘿村畔輦歸時，翟茀褕衣恨到遲。
別院笙歌憐故土，空臺麋鹿愴新知。
傾城豈是紅顏妬，沉骨堪為玉貌悲。

鳥喙越王恩自薄，幽魂千載重離思。

題范少伯祀　清．朱素臣

應羨功成身退無，湖流猶把姓名呼。
千秋不乏奇男子，高識誰能及大夫。

西施　清．曹雪芹

一代傾城逐浪花，吳宮空自憶兒家。
效顰莫笑東村女，頭白溪邊尚浣紗。

夜讀范蠡三聚散　民國．范楊松

聚才相國多能賢，散盡萬金笑談間；
名極廟堂嫌棄去，利灑江湖任流連！
陶地植墾江澤邊，朱雀來儀好緜衍；
有情行義西施愛，道統古今豈等閒！

附錄三

范蠡的生命歷程與相關列國情勢大事年表

年代			范蠡生命歷程大事紀要	相關列國情勢大事紀要
西元（前）	周朝紀元	戰國紀年		
五二二	景王廿三年			△孔子至京師，既而返魯。 △三月：楚太子建奔宋。楚王殺其傅伍奢及子尚，伍員（子胥）奔吳。
五二〇	景王廿五年	楚平王九年	△范蠡出生（判斷）	
五一七	敬王三年			△大兵法家孫子奔吳。
五一五	敬王五年			△吳公子光，以伍子胥計，用殺手專諸刺殺王僚，光自立為吳王闔閭（盧）。
五一二	敬王八年			△伍子胥荐孫子給吳王。
五一一	敬王九年			△楚殺大夫伯州犁，其孫伯嚭奔吳。
五一〇	敬王十年	楚昭王六年 吳闔閭五年	△文種、范蠡奔越（第一種說法）。	
五〇六	敬王十四年	楚昭王十年 吳闔閭九年	△文種到任楚國宛邑（縣長）。	△吳伐楚入郢，楚王敗逃。

五〇五	敬王十五年	楚昭王十一年 吳闔閭十年		△楚大夫申包胥引秦軍救楚，吳軍敗還。
五〇二	敬王十八年	楚昭王十四年	△文種、范蠡入越（第二種說法），時范蠡十八歲。 △越王允常安排范蠡到民間做國情調查。	
五〇一	敬王十九年		△范蠡持續在越民間生活，並做國情調查長達五年。	
四九六	敬王二四年	越勾踐元年	△越王允常卒，勾踐嗣位，范蠡正式成為越國大夫。	△越王允常卒，吳王闔閭伐之，吳敗，闔閭傷卒。
四九五	敬王二五年	吳夫差元年 越勾踐二年		△吳夫差令伯嚭為太宰。
四九四	敬王二六年	吳夫差二年 越勾踐三年	△越王勾踐伐吳，戰於夫椒（江蘇吳縣），越軍潰，范蠡乞降解困，條件是勾踐、范蠡入吳為夫差服勞役（實為奴），是年六月入吳。	
四九二	敬王二八年	吳夫差四年 越勾踐五年	△范蠡叫勾踐嘗夫差糞便，測健康狀況，以得到感動和信任，真乃千古之奇謀。	△夫差生病。
四九一	敬王二九年	吳夫差五年 越勾踐六年	△吳夫差釋范蠡、勾踐歸越，時為正月。 △范蠡為勾踐訂「十年生聚、十年教訓」之復國大計。	

四八九	敬王三一年	吳夫差七年 越勾踐八年	△勾踐謀伐吳，范蠡以時機未至，止之。	△吳夫差打通北進之路，出兵伐陳國，並與魯有戰事。
四八八	敬王三二年	魯哀公七年 吳夫差八年		△夏，吳夫差和魯哀公，會於鄫城（山東嶧縣）。
四八七	敬王三三年	魯哀公八年 吳夫差九年		△吳攻魯救邾，魯敗乞和，盟於萊門（魯都城門）
四八六	敬王三四年	魯哀公九年 越勾踐十一年 吳夫差十年	△勾踐欲起兵伐吳，范蠡再勸阻。	△吳建邗溝（淮河至長江間運河），準備北進。
四八五	敬王三五年	越勾踐十二年		△越獻美女西施、鄭旦於吳王夫差。
四八四	敬王三六年	吳夫差十二年 越勾踐十三年	△勾踐、范蠡，運大批物資財寶到吳朝拜，助吳軍北進聲勢，吳君臣除伍子胥外，全被越收買。 △范蠡到曲阜秘訪孔子和魯君，不久孔子派子貢使吳，說服吳伐齊，救魯助越。	△伯嚭誣陷伍子胥「賣吳」，夫差賜劍令自殺。 △吳、魯聯軍於艾陵（山東萊蕪），大敗齊軍。 △孔子在衛，遣弟子端木賜說吳攻齊救魯。
四八三	敬王三七年	吳夫差十三年 衛出公十年		△吳夫差、衛出公衛輒，會於鄖城（江蘇如皋），衛曾殺吳使者且姚，吳夫差囚衛輒，尋又釋歸。
四八二	敬王三八年	吳夫差十四年 越勾踐十五年 魯哀公十三年 晉定公三十年	△越乘吳軍在黃池，於春季發動攻吳之戰，焚吳都姑蘇，擒吳太子吳友，夫差引軍還，戰不利，向越求和，范蠡提「和談戰略」。	△吳會晉、周、魯，於黃池（河南封邱）。

四八一	敬王三九年	越勾踐十六年		△春秋時代終（前七二二年起，共二百四十二年）
四八〇	敬王四〇年	魯哀公十五年		△戰國時代始（到前二二一年，共二百六十年） △大兵法家孫子逝世。
四七八	敬王四二年	吳夫差十八年 越勾踐十九年	△三月：越伐吳「笠澤之戰」（江蘇松江），吳軍大敗。 △楚使申包胥訪越，言助越滅吳。	△吳發生大旱。
四七七	敬王四三年	吳夫差十九年 越勾踐二十年	△越軍圍困吳都。	
四七六	敬王四四年	趙惠王十三年	△越攻楚，楚軍追越軍至冥城（河南信陽），不及而還。	
四七五	元王元年		△越再大舉攻吳，圍吳王於西城（即越城）。	
四七三	元王三年	吳夫差二三 越勾踐二四年 齊平公八年	△范蠡「擊鼓興師」，圍困吳王夫差於姑蘇山上，迫夫差自殺，吳國亡。是時十一月丁卯日。 △越誅吳太宰嚭，以其不忠。	
四七二	元王四年	越勾踐二五年 齊平公九年	△范蠡出奔（或前一年）。 △范蠡在齊，曾寄錢給在楚國的一個老友莊生。	

四六八	貞定王元年			△越自（浙江）諸暨遷都瑯琊（山東諸城），築觀台以望東海。
四六五	貞定王四年	魯悼公三年 宋昭公四年	△范蠡三徙到陶。	△越王鼫勾踐卒，子鼫石與嗣位。
四五九	貞定王十年			△越王鼫石與卒，子鼫不壽嗣位，是為盲姑。
四五三	貞定王十六年	晉哀公五年 趙惠王三六年		△晉大夫韓、趙、魏反攻知襄子荀瑤，晉陽圍解，屠滅知氏宗族，瓜分其地。韓趙魏三家共執晉國朝政，是謂「三晉」。
四四七	貞定王二二年	宋昭公二二年 趙惠王四二年	△范蠡卒。	△楚攻蔡，蔡國亡。

參考書目

一　《中國戰史大辭典：人物之部》（台北：國防部史政編譯局，民國八十一年六月三十日）。
二　張其昀，《中國五千年史》第三冊（台北：中國文化研究所，民國五十一年四月）。
三　載月芳編，《中國全記錄》（台北：錦繡出版社，民國七十九年七月）。
四　《中國歷代戰爭史》第二冊（台北：黎明文化事業公司，民國六十五年十月）。
五　李永熾編，《中國歷史圖說》（台北：新新文化出版公司，民國六十七年十二月）。
六　《中國戰史大辭典：戰役之部》（台北：國防部史政編譯局，民國七十八年六月）。
七　李震，《中國歷代戰爭史話》（台北：黎明文化事業公司，民國七十四年十月）。
八　張曉生、劉文顏，《中國古代戰爭通覽》（台北：雲龍出版社，民國七十九年七月）。
九　陳致平，《中華通史》第一冊（台北：黎明文化事業公司，民國六十七年四月五日）。
十　任映滄，《歷代中興復國史述要》（台北：正中書局，民國五十年四月）。
十一　徐培根，《中國國防思想史》（台北：中央文物供應社，民國七十二年六月）。
十二　李則芬，《中外戰爭全史》第一冊（台北：黎明文化事業公司，民國七十四年一月）。
十三　鈕先鍾，《中國歷史中的決定性會戰》（台北：麥田出版社，二〇〇三年五月）。
十四　陳福成，《中國歷代戰爭新詮》（台北：時英出版社，二〇〇六年七月）。
十五　陳福成，《中國四大兵法家新詮》（台北：時英出版社，二〇〇六年九月）。

十六 陳福成，《孫子實戰經驗研究》（台北：黎明文化事業公司，民國九十二年七月）。
十七 漢．袁康、吳平撰，《越絕書》（台北：世界書局，民國五十一年十一月）。
十八 漢．司馬遷，《史記》（台北：宏業書局，民國七十九年十月十五日）。
十九 柏楊，《中國帝王皇后親王公主世系錄》（上冊）（台北：星光出版社，出版年代不詳）。
二十 柏楊，《中國歷史年表》（上冊）（台北：星光出版社，出版年代不詳）。
二一 明．余邵魚，《東周列國誌》（台北：大台北出版社，民國七十五年五月）。
二二 賴榕祥，《中國歷代治亂興亡史》（台北：大行出版社，民國七十七年二月）。
二三 彭桂芳，《唐山過台灣的故事》（台北：青年戰士報社，民國七十年十月）。
二四 黃浩然，《中國古代兵學思想》（高雄：黃埔出版社，民國四十八年五月一）。
二五 慧明，《觀世音菩薩》（圖解）（台北：海鴿文化出版公司，二〇一五年二月一日）。
二六 陳福成，《嚴謹與浪漫之間》（台北：文史哲出版社，二〇一三年三月）。
二七 費駿良，《伍子胥傳》（台北：國際文化事業公司，一九八六
二八 李海波，《道商范蠡—陶朱公興國富家的人生智慧》（北京：化學工業出版社，二〇一七年元月）。
二九 李海波，《道商智慧—中國式經營的思想精髓》（北京：化學工業出版社，二〇一六年九月）
三十 雷蕾，《千秋商祖—范蠡》（臺北：信實文化行銷有限公司，二〇一一年九月）。

三一　《韓非子讀本》（臺北：大方出版社，民國六十四年元月）。
三二　余耀華，《范蠡：從兵學奇才到東方商聖》（北京：新華出版社，二〇一二年十一月）。
三三　張元，《歷史》（高級中學上冊）（臺北：龍騰文化事業公司，民國八十四年課程標準）。
三四　陳福成，《大兵法家范蠡研究：商聖財神陶朱公傳奇》（臺北：文史哲出版社，二〇一八年元月增訂再版）。
三五　羽氤蝴，《刀鋒上的聖人：范蠡的算盤》（北京：中國華僑出版社，二〇一三年三月）。
三六　陳飛龍，〈計然其人其事及其思想〉，《人文學報》，其他資料不詳。
三七　洪淑苓，〈美人計的敘事模式與性別政治〉，《婦女與兩性學刊》第八期（臺北：臺大人口研究中心婦女研究室，一九九七年四月）。
三八　李達嘉，〈從抑商到重商：思想與政策的考察〉，《中央研究院近代史研究所集刊》第八十二期（臺北：中央研究院近代史研究所，民國一〇二年十二月）。
三九　楊穎詩，《老子義理疏解》（臺北：文史哲出版社，二〇一七年八月）。

陳福成著作全編總目

壹、兩岸關係

①決戰閏八月
②防衛大台灣
③解開兩岸十大弔詭
④大陸政策與兩岸關係

貳、國家安全

⑤國家安全與情治機關的弔詭
⑥國家安全與戰略關係
⑦國家安全論壇。

參、中國學四部曲

⑧中國歷代戰爭新詮
⑨中國近代黨派發展研究新詮
⑩中國政治思想新詮
⑪中國四大兵法家新詮：孫子、吳起、孫臏、孔明

肆、歷史、人類、文化、宗教、會黨

⑫神劍與屠刀
⑬中國神譜
⑭天帝教的中華文化意涵
⑮奴婢妾匪到革命家之路：復興廣播電台謝雪紅訪講錄
⑯洪門、青幫與哥老會研究

伍、詩〈現代詩、傳統詩〉、文學

⑰幻夢花開一江山
⑱赤縣行腳・神州心旅
⑲「外公」與「外婆」的詩
⑳尋找一座山
㉑春秋記實
㉒性情世界
㉓春秋詩選
㉔八方風雲性情世界
㉕古晟的誕生
㉖把腳印典藏在雲端
㉗從魯迅文學醫人魂救國魂說起
㉘六十後詩雜記詩集

陸、現代詩（詩人、詩社）研究

㉙三月詩會研究
㉚我們的春秋大業：三月詩會二十年別集
㉛中國當代平民詩人王學忠
㉜讀詩稗記
㉝嚴謹與浪漫之間
㉞一信詩學研究：解剖一隻九頭詩鵠
㉟囚徒
㊱胡爾泰現代詩臆說
㊲王學忠籲天詩錄

柒、春秋典型人物研究、遊記

㊳山西芮城劉焦智「鳳梅人」報研究

㊴在「鳳梅人」小橋上
㊵我所知道的孫大公
㊶為中華民族的生存發展進百書疏
㊷金秋六人行
㊸漸凍勇士陳宏

捌、小說、翻譯小說

㊹迷情・奇謀・輪迴、
㊺愛倫坡恐怖推理小說

玖、散文、論文、雜記、詩遊記、人生小品

㊻一個軍校生的台大閒情
㊼古道・秋風・瘦筆
㊽頓悟學習
㊾春秋正義
㊿公主與王子的夢幻、
(51)洄游的鮭魚
(52)男人和女人的情話真話
(53)台灣邊陲之美
(54)最自在的彩霞
(55)梁又平事件後

拾、回憶錄體

(56)五十不惑
(57)我的革命檔案
(58)台大教官興衰錄
(59)迷航記、
(60)最後一代書寫的身影
(61)我這輩子幹了什麼好事
(62)那些年我們是這樣寫情書的
(63)那些年我們是這樣談戀愛的
(64)台灣大學退休人員聯誼會第九屆
理事長記實

拾壹、兵學、戰爭

(65)孫子實戰經驗研究
(66)第四波戰爭開山鼻祖賓拉登

拾貳、政治研究

(67)政治學方法論概說
(68)西洋政治思想史概述
(69)中國全民民主統一會北京行
(70)尋找理想國：中國式民主政治研究要綱

拾參、中國命運、喚醒國魂

(71)大浩劫後：日本311天譴說
日本問題的終極處理

拾肆、地方誌、地區研究

(72)台大逸仙學會
(73)台北公館台大地區考古・導覽
(74)台中開發史
(75)台北的前世今生
(76)台北公館地區開發史

拾伍、其他

(77)英文單字研究
(78)與君賞玩天地寬（文友評論）
(79)非常傳銷學
(80)新領導與管理實務

拾陸：2015年9月後新著

編號	書　　　　　名	出版社	出版時間	定價	字數（萬）	內容性質
81	一隻菜鳥的學佛初認識	文史哲	2015.09	460	12	學佛心得
82	海青青的天空	文史哲	2015.09	250	6	現代詩評
83	為播詩種與莊雲惠詩作初探	文史哲	2015.11	280	5	童詩、現代詩評
84	世界洪門歷史文化協會論壇	文史哲	2016.01	280	6	洪門活動紀錄
85	三黨搞統一：解剖共產黨、國民黨、民進黨怎樣搞統一	文史哲	2016.03	420	13	政治、統一
86	緣來艱辛非尋常：賞讀范揚松仿古體詩稿	文史哲	2016.04	400	9	詩、文學
87	大兵法家范蠡研究：商聖財神陶朱公傳奇	文史哲	2016.06	280	8	范蠡研究
88	典藏斷滅的文明：最後一代書寫身影的告別紀念	文史哲	2016.08	450	8	各種手稿
89	葉莎現代詩研究欣賞：靈山一朵花的美感	文史哲	2016.08	220	6	現代詩評
90	臺灣大學退休人員聯誼會第十屆理事長實記暨2015～2016重要事件簿	文史哲	2017.04	400	8	日記
91	我與當代中國大學圖書館的因緣	文史哲	2017.04	300	5	紀念狀
92	廣西旅遊參訪紀行（編著）	文史哲	2017.10	300	6	詩、遊記
93	中國鄉土詩人金土作品研究	文史哲	2017.12	420	11	文學研究
94	暇豫翻翻《揚子江》詩刊：蟾蜍山麓讀書瑣記	文史哲	2018.02	320	7	文學研究
95	我讀上海《海上詩刊》：中國歷史園林豫園詩話瑣記	文史哲	2018.03	320	6	文學研究
96	范蠡致富研究與學習：商聖財神之實務與操作	文史哲	2018.06	280	7	文學研究
97	鄭雅文現代詩的佛法衍繹	文史哲	出版中		6	文學研究
98	莫渝現代詩賞析	文史哲	出版中		7	文學研究
99	現代田園詩人許其正作品研析	文史哲	出版中		12	文學研究
100	林錫嘉現代詩賞析	文史哲	出版中		10	文學研究
101	曾美霞現代詩研析	文史哲	出版中		7	文學研究
102	劉正偉現代詩賞析：情詩王子的愛戀世界	文史哲	出版中		9	文學研究
103	陳寧貴現代詩研究：全才詩人的詩情遊蹤	文史哲	出版中		9	文學研究
104	陳福成作品述評（編著）	文史哲	出版中		9	文學研究
105	舉起文化出版的火把：彭正雄文史哲出版交流一甲子	文史哲	出版中		10	文學研究

國防通識課程及其它著編作品

（各級學校教科書）

編號	書　　　　　　　名	出版社	教育部審定
1	國家安全概論（大學院校用）	幼　獅	民國 86 年
2	國家安全概述（高中職、專科用）	幼　獅	民國 86 年
3	國家安全概論（台灣大學專用書）	台　大	（臺大不送審）
4	軍事研究（大專院校用）	全　華	民國 95 年
5	國防通識（第一冊、高中學生用）	龍　騰	民國 94 年課程要綱
6	國防通識（第二冊、高中學生用）	龍　騰	同
7	國防通識（第三冊、高中學生用）	龍　騰	同
8	國防通識（第四冊、高中學生用）	龍　騰	同
9	國防通識（第一冊、教師專用）	龍　騰	同
10	國防通識（第二冊、教師專用）	龍　騰	同
11	國防通識（第三冊、教師專用）	龍　騰	同
12	國防通識（第四冊、教師專用）	龍　騰	同
13	臺灣大學退休人員聯誼會會務通訊	文史哲	
14	把腳印典藏在雲端：三月詩會詩人手稿詩	文史哲	
15	留住末代書寫的身影：三月詩會詩人往來書簡殘存集	文史哲	
16	三世因緣：書畫芳香幾世情	文史哲	

注：以上除編號 4，餘均非賣品，編號 4 至 12 均合著。

編號 13 定價一千元。